Abschreibung, Vermögenserhaltung, Preisbildung

im Zusammenhang mit der Geldentwertung

Von

Emil Schiff,

technisch-wirtschaftlichem Sachverständigem

BERLIN W

VERLAG von M. KRAYN

1923

1. Vorbemerkung

Die vorliegende Untersuchung ist im wesentlichen der Inhalt eines Ende 1922 entstandenen Gutachtens, das der Verfasser in einem bedeutenden Rechtsstreit über die Preisfestsetzung für elektrische Arbeit auf Veranlassung des beklagten Teils erstattet hat. Beschäftigt sich die Arbeit auch im besonderen mit der Frage, ob die Abschreibung auf Betriebsanlagen nach den Kosten der Anschaffung oder der Erneuerung — des Ersatzes — zu bemessen sei, so sind doch die Ergebnisse sinngemäß auch für die grundsätzlich verwandte Frage, ob sich der Warenpreis auf den Kosten der Beschaffung oder der Wiederbeschaffung aufzubauen habe, verwertbar. Der Gegenstand der Untersuchung ist demgemäß nicht nur im Zusammenhange mit den zahlreichen ähnlichen Streitigkeiten, sondern auch allgemein für die Beurteilung der Frage des angemessenen Preises und damit — unter volkswirtschaftlichen wie privatwirtschaftlichen Gesichtspunkten — für unsere Gesamtwirtschaft von maßgebender Bedeutung. Aus diesem Grunde wird die vorliegende Untersuchung weiteren Kreisen zugänglich gemacht; der Verfasser vertraut hierbei insofern auf die Mitwirkung des Lesers, als er voraussetzt, daß dieser Abweichungen in den Folgerungen selbst berücksichtige, die sich aus anderen als den hier zugrunde gelegten Voraussetzungen ergeben könnten. Die wesentlichste dieser Voraussetzungen besteht darin, daß die anlaßgebende Preisermittlung nach Vertrag und Sondergesetz auf der Grundlage der Selbstkosten unter Berücksichtigung der Verteuerung, deren Tragung dem Verkäufer allein billigerweise nicht zugemutet werden kann, zu erfolgen hatte. Unter den Voraussetzungen einer im Gleichgewichte befindlichen Volkswirtschaft und eines entsprechenden Wettbewerbes kommt der Preis allerdings, obschon keineswegs unbeeinflußt durch die Kosten der Erzeugung und Verteilung, nicht schlechthin auf Grund der rechnungsmäßigen Selbstkosten und eines als zulässig erachteten

Gewinnzuschlages zustande; der volkswirtschaftlich regelrechte Preis ist vielmehr die Resultante aus einer Anzahl gegensätzlich gerichteter Komponenten teils greifbarer, teils gefühlsmäßiger Art, wobei das Verhältnis von Angebot zu Nachfrage und der Preis — im Gegensatze zur landläufigsten Vorstellung oder Ausdrucksweise — in der Beziehung einer Gegenseitigkeitsfunktion stehen. Regelrechte Voraussetzungen der Preisbildung liegen jedoch innerhalb unserer heutigen Wirtschaft allgemein nicht vor; vielmehr kommen unsere Preise infolge einer Reihe zusammenhängender Ursachen wie Kapitalverlust, Währungsverfall, Untererzeugung und Untereinfuhr und wegen Kartellbildung mit einem stark monopolistischen Einschlage zustande. Eine beschränkte öffentliche Regelung oder Aufsicht vermag dies nicht zu verhindern. Preisfestsetzung, Preisaufsicht und Rechtsprechung stützen sich daher heute zumeist auf die „Gestehungskosten" oder — wie man in Ansehung der Strittigkeit des Selbstkostenbegriffs und der Schwierigkeit und Dehnbarkeit der Anwendung von Selbstkostengrundsätzen richtiger sagen muß — auf das, was als Selbstkosten ausgegeben oder angesehen wird. Im wesentlichen wird sich somit der Unterschied in den hier zugrunde gelegten und den allgemeiner giltigen Voraussetzungen nur dahin auswirken, daß rechtliche Feststellungen der vorliegenden Untersuchung nicht überall in demselben Maße, wie es auf Grund besonderer Umstände in Betracht kommen kann, zur Begründung eines Anspruches des Käufers verwertet werden können. Dies ist indes nicht von entscheidender Bedeutung, da der Verfasser nicht sowohl rechtliche oder gar starre gelddogmatische Gesichtspunkte als vielmehr die von ihm entwickelten volkswirtschaftlichen Gründe als ausschlaggebend ansieht. Nichtsdestoweniger sind namentlich die abschlußrechtlichen Darlegungen schon zur Aufklärung vielfacher Mißverständnisse erforderlich.

Der Verfasser nimmt im übrigen nicht in Anspruch, die bedingungslos giltige Wahrheit — falls es eine solche im Bereiche menschlichen Denkens geben sollte — zu vertreten; seine Untersuchung dürfte jedoch schon deshalb von Belang sein, weil sie gegenüber den meisten Veröffentlichungen, die den gleichen Gegenstand behandeln, eine Art Kehrseitenbetrachtung darstellt. Jene Erörterungen berücksichtigen nämlich im wesentlichen nur die unmittelbaren privatwirtschaftlichen Belange, vernachlässigen aber die volkswirtschaftlichen Wirkungen, obwohl diese mittelbar und letzten Endes — mit geringen Ausnahmen — auch für die Privatwirtschaft entscheidend sind. Wie eine solche Einseitigkeit in die Behandlung des Gegenstandes hineingetragen werden konnte, ist leicht zu erklären. Die eine der zu erörternden Lehrmeinungen, die Wertminderungstheorie, ist die natürliche, ursächlich zustande gekommene Anschauung, die andere hingegen, die Erneuerungstheorie, ist eine neue, auf einen Zweck abgestellte Auffassung; die Wertminderungstheorie entspricht den allgemeinen, auch den öffentlich-rechtlichen Gesichtspunkten, die Erneuerungstheorie aber besonderen privatwirtschaftlichen Zielen. Daher erklärt es sich, daß für die neuere Anschauung außerordentlich eifrig geworben worden ist, um insbesondere die Preiserhöhung und den privaten Steuervorteil zu fördern, während für die alte Theorie keine entsprechend beteiligten Werbekräfte vorhanden gewesen sind. Diese wurde demgemäß in der Oeffentlichkeit zumeist nur auf Grund wissenschaftlicher Ueberzeugung vertreten, während die starken Antriebe des eigenen wirtschaftlichen Nutzens und die zugehörige Werbemacht, zu der auch fast alle Handelszeitungen kraft ihrer Gesamteinstellung gehören, fehlten. Auch stand den wirtschaftlich Beteiligten eine Anzahl betriebswirtschaftlicher Wissenschaftler zur Seite, die sich als Sondervertreter des neuen Lehrfaches der Betriebswirtschaft, einer privatwirtschaftlichen Erfahrungswissenschaft, wie zu verstehen ist, vorwiegend nach privatwirtschaftlichen Zielsetzungen einstellen; auf der anderen Seite aber, auf der Seite der reinen Volkswirtschaftler, gibt es kaum Persönlichkeiten, die sich mit diesen Fragen näher befassen. Aehnlich verhält es sich mit den Rechtswissenschaftlern; auch hier sind unter den Vertretern der „reinen Lehre" kaum Sonderfachleute für das Gebiet der Abschreibungen und der Selbstkosten vorhanden. Auch die Steuerrechtler befassen sich nur mit einer eng begrenzten Seite des Gegenstandes, und überdies sind ihnen nicht nur sachliche, sondern auch wirtschaftspolitische Gesichtspunkte maßgebend. Hieraus erklärt es sich, daß die Erneuerungstheorie heute vielfach schon als selbstverständlich hingenommen wird, während die Wertminderungstheorie einfach ausgeschaltet ist und über dem unmittelbaren Zweckinhalte der Erneuerungstheorie die Endwirkung ihrer Anwendung überhaupt nicht nachgeprüft wird. Es ist unter solchen Umständen besonders beachtenswert, daß der einzige Unternehmer, der zu dieser Frage wesentliche Gedanken öffentlich beigesteuert hat, und der zugleich ein hervorragender Rechtsfachmann ist, Generaldirektor Professor Flechtheim, zu einer Auffassung gelangt ist, die der unternehmerischen Anschauung, nämlich der Erneuerungstheorie, entgegengesetzt ist.

Mit diesen letzten Betrachtungen soll erreicht werden, daß die nachfolgende Untersuchung unter Ausschaltung der Vorstellungen von

Notwendigkeit und Selbstverständlichkeit, mit denen die Erneuerungstheorie und Wiederbeschaffungstheorie heute vielfach verbunden werden, aufgenommen werde. Denn wenn man selbst nur das sachlich richtige Ergebnis sucht, bedarf es für die meisten Menschen doch einer besonderen Willensanstrengung, um in einer Frage, die dem Unterbewußtsein schon als gelöst vorschwebt, geistig unbeeinflußt zu urteilen.

---

2. Gegenstand der Untersuchung

Einen der wesentlichsten Bestandteile der Selbstkosten und eines daraus errechneten Preises bildet, besonders bei reinen Betriebsunternehmen, die rechtlich und wirtschaftlich notwendige Abschreibung. Unter dieser ist der rechnungsmäßige Ausdruck der durch Abnützung, Altern und übliches Veralten entstandenen Wertminderung an Betriebsanlagen und Betriebsgegenständen zu verstehen; die hierin enthaltene erweiterte Auslegung des handelsgesetzlichen Ausdruckes Abnützung, die der Verfasser früher gegeben hat, ist heute mindestens in technischwirtschaftlichen Kreisen herrschende Anschauung. Wegen der Unmöglichkeit, die Wertminderung genau zu beziffern, wurde im Gebrauche der Weg gewählt, die Gestehungskosten der Betriebsgegenstände — richtiger: die Gestehungskosten abzüglich des Außerdienstsetzungswertes — in einer bestimmten Weise auf die Nutzungszeit der Anlagegruppe umzulegen. Maßgebend für den Abschreibungssatz sind hiernach die Gestehungskosten, deren Restwert — der auch nach Abzug der etwaigen Abbruchkosten den Altstoffwert wesentlich übersteigen kann — und die Nutzungsdauer; die beiden letzten Größen sind zu schätzen. Diese bis zum Eintritte der großen Geldentwertung allein giltige Auffassung entspricht der Wertminderungstheorie.

Die Erneuerungstheorie setzt an die Stelle der Gestehungskosten der im Gebrauche befindlichen Betriebsgegenstände die voraussichtlichen Erneuerungskosten, bemessen jeweils nach der Preislage des Zeitpunktes der Abschreibung; anders ausgedrückt, bedingt diese Theorie eine Vervielfachung der nach Gestehungskosten und

Wertminderung berechneten Abschreibung nach Maßgabe des jeweiligen Schlüssels der Verteuerung, die seit Beschaffung der Anlage eingetreten ist. An die Stelle der Vorstellung einer nachträglichen Wertminderungsabschreibung tritt also die Vorstellung einer auf die Zukunft berechneten Erneuerungsrückstellung; der Unterschied beider Abschreibungsarten beruht in der Vorwegabschreibung der Erneuerungsmehrkosten, die das zweite Verfahren einschließt. Die gesamte Verteuerung wird hierbei — ungenau — als Ausdruck der Geldentwertung, die Mehrabschreibung gegenüber der Wertminderungsabschreibung also als Ausgleich des Unterschiedes zwischen Goldmark und Papiermark angesehen. Die Vertreter der Erneuerungstheorie beanspruchen zum Teil schlechtweg, daß eine Abschreibung nach den jeweiligen Erneuerungskosten zu bemessen sei; zum Teil begründen sie die Mehrabschreibung ausdrücklich nur mit der Unterscheidung zwischen Goldmark und Papiermark.

Die Verteuerung des Ersatzes kann bei verschiedenen Teilen einer Betriebsanlage sehr verschieden sein; sie kann bei manchen Teilen, so etwa bei Leitungskupfer, völlig vom Stande höchstwertiger Auslandwährungen abhängen, während für andere Anlageteile und insbesondere dort, wo ein wesentlicher Teil der Erneuerungsleistung durch Löhne für Bauarbeit, Aufstellung oder Verlegung dargestellt wird, Einflüsse gegeben sind, die den Durchschnitt der Verteuerung erheblich nach unten beeinflussen. Bei dieser Sachlage begegnet man nicht selten geradezu ausschweifenden Forderungen bei der Bemessung der Erneuerungskosten. Es ist daher eine bedeutsame Unterfrage, welcher Schlüssel der Verteuerung oder der Geldentwertung bei Bejahung der Erneuerungstheorie anzuwenden sei. An dieser Stelle kommt jedoch nur der Grundunterschied zwischen den beiden Anschauungen in Betracht. Dieser grundsätzliche Unterschied ist in jedem Falle wesentlich; daß die tatsächlichen Unterschiede unter heutigen Umständen außerordentlich groß sind, bedarf keiner Betonung.

Gegenstand der Untersuchung ist die Frage, welche der beiden Theorien richtig und demgemäß für die Bildung eines Preises oder Mehrpreises, der auf Grund der Selbstkosten zu ermitteln ist — und den man im Gegensatze zum volkswirtschaftlich regelrechten Preis als rechnungsmäßigen Preis bezeichnen kann —, anzuwenden sei.

3. Rechtliche Erwägungen

a) Allgemeines

Deutsches Recht kennt nur eine einzige Reichswährung. Im besonderen gilt dies auch in handelsrechtlichen Dingen, die wie die Abschreibung mit dem Rechnungsabschlusse zusammenhängen, denn nach HBG § 40 ist der Abschluß in Reichsmark aufzustellen. Ein Unterschied zwischen Goldmark und Papiermark besteht also rechtlich nicht. Es ist nicht zu verkennen, daß ein solcher Unterschied zu den Zeiten, in denen die maßgebende Gesetzgebung geschaffen wurde, auch tatsächlich nicht bestand, während sich die Voraussetzungen seitdem geändert haben. Hieraus kann gefolgert werden, daß ein Bedürfnis vorliege, Gesetze zu ändern; an der Tatsache, daß dies bisher nicht geschehen ist und das bestehende Recht daher auch heute gilt, wird durch jene Erkenntnis nichts geändert. Hiernach kann der Standpunkt, daß die Abschreibung, die nach einem auf der Wertminderung beruhenden Abschreibungssatze von einem Goldmarkbetrage berechnet ist, nach dem Schlüssel der Geldentwertung in Papiermark umzurechnen, also entsprechend zu vervielfachen sei, währungsrechtlich nicht begründet werden. Auch kann keineswegs behauptet werden, daß diesem Rechtsumstande keine tatsächliche Bedeutung mehr zukomme, und daß es sich dabei nur noch um eine rechtliche Einbildung oder eine überstarre Geldtheorie handeln könne, denn die unveränderte Handhabung des Schuldrechtes beweist das Gegenteil. Der Gläubiger, der Goldmark hergeliehen hat, hat weder Zinsen noch Rückzahlung, die ihm nunmehr in Papiermark zufließen, zu einem höheren Betrag als dem früheren Nennbetrage der auf Goldmark berechnet war, zu beanspruchen. Es ist demgemäß sehr unangebracht, wenn man, wie dies selbst ein angesehener Rechtslehrer als Gutachter tut, die einseitige Abkehr von Preisvereinbarungen — sogar gleitender Art — mit „sozialethischen" Gesichtspunkten begründen will. Eine Gerechtigkeit, die nicht für jedermann gilt, ist keine Gerechtigkeit.

So lange jene Sachlage besteht, ist es nicht gerecht, den Unternehmer einseitig von den Wirkungen der Geldentwertung freizustellen.

Diese Ungerechtigkeit tritt insoweit, als ein Unternehmer mit dargeliehenem Unternehmungsgeld arbeitet, wenn er seine Preise unter Berücksichtigung der Erneuerungstheorie berechnet, besonders grell in Erscheinung: der Unternehmer rechnet die Entwertung einer Betriebsanlage mit einem Vielfachen der Goldmarkabschreibung in den Verkaufspreis der Erzeugnisse ein, dem Anleihegläubiger aber, mit dessen Gelde die Betriebsanlage beschafft ist, gewährt er nicht eine Papiermark mehr zurück, als dieser an Goldmark zu beanspruchen hatte. Daß der Unternehmer vielleicht ein größeres Wagnis trägt als der Darleiher, kann hierbei nicht als Rechtfertigung gelten, denn dafür rechnet der Unternehmer ordnungsmäßig eine entsprechend höhere Wagnisgebühr (Risikoprämie) in den Verkaufspreis ein. Die einseitige Befreiung von der Geldentwertung sieht hier also einer ungerechtfertigten Bereicherung sehr ähnlich, wenn auch eine solche Wirkung nicht bewußt erstrebt wird und nicht im engen Sinne des Gesetzes festzustellen ist. Aus diesen Erwägungen soll jedoch nicht etwa gefolgert werden, wie dies irrigerweise im Schrifttum geschehen ist, daß ein Unternehmer, soweit er mit eigenem Geld arbeitet, eine andere Art der Abschreibung oder Selbstkostenrechnung und Preisbemessung beanspruchen dürfe, als er dies, insoweit er mit geliehenem Geld arbeitet, tun darf. Denn wenn es auch möglich ist, daß dieser Gesichtspunkt in der rein bürgerlichrechtlichen Beurteilung eines besonders gearteten Falles von Belang ist, so ist doch seine Verallgemeinerung unzulässig; grundsätzlich nämlich kann der rechnungsmäßige Wert eines Preisbestandteils nur durch die an dem Gegenstande der Bewertung selbst haftenden Umstände, nicht aber durch die zufällige Herkunft des zu seiner Beschaffung nötig gewesenen Geldes bestimmt werden.

b) Abschlußrechtliches

1. Die gesetzlich notwendige Abschreibung

Abschlußrechtlich liegt die Frage einfach und zweifelsfrei.

HBG § 40 schreibt nur allgemein vor, daß die Vermögensgegenstände zum Zeitwert im Abschluß anzusetzen seien, und die Meinungen der Abschlußrechtler gingen zunächst auseinander, ob damit für Betriebsanlagen der Gestehungswert, also der um die geschätzte Wertminderung gekürzte Betrag der Gestehungskosten, oder ein Veräußerungswert gemeint sei. Allmählich ist im Gebrauche jedoch die erste dieser beiden Auffassungen durchgedrungen. Beständen hierüber aber noch Zweifel, so ergäben sich daraus Folgerungen, die der Erneuerungstheorie höchst ungünstig wären. Da nämlich die heutigen Veräußerungswerte, sei es der gemeine Wert des Ganzen oder der Versilberungswert der einzelnen Teile, weit über den Urbeträgen der Aufwendung liegen, käme überhaupt keine Abschreibung mehr in Betracht, und es wäre vielmehr ein großer buchmäßiger Gewinn festzustellen. Diese Erwägung braucht jedoch hier nicht herangezogen zu werden, da für Aktiengesellschaften neben HGB § 40 die „Maßgabe" des HGB § 261,3 gilt, die gemäß § 42,1 GmbHG auch auf Gesellschaften mit beschränkter Haftung und teils nach Gesetz, teils im Wege weiterer Auslegung auch auf andere Unternehmungsformen anzuwenden ist. Aus dieser Bestimmung ergibt sich unzweifelhaft, daß als Abschreibung auf Betriebsanlagen ein „der Abnutzung gleichkommender" Teilbetrag der Gestehungskosten abzusetzen oder „ein ihr entsprechender Erneuerungsfonds" anzusetzen ist. Dies ist schlechtweg der Inbegriff der Wertminderungstheorie. Darüber besteht auch bei den wissenschaftlichen Vertretern der Erneuerungstheorie kein Zweifel; nur glauben diese, sich über die rechtliche Sachlage auf Grund privatwirtschaftlicher Gesichtspunkte hinwegsetzen zu dürfen.[1]) Für einen strengeren Rechtsstandpunkt vermögen freilich nicht einmal volkswirtschaftliche Belange das geltende Recht ohne weiteres auszuschalten.

2. Der handelsrechtliche Begriff Erneuerungsfonds

Zu untersuchen bleibt, ob der Begriff Erneuerungsfonds, wie ihn HGB § 261,3 neben dem Begriffe der Absetzung wegen Abnützung anwendet, der Erneuerungstheorie Handhaben bietet. Schon die Fassung, daß entweder ein der Abnützung gleichkommender Betrag abzusetzen oder „ein ihr entsprechender Erneuerungsfonds" anzusetzen sei, beweist jedoch, daß es sich hierbei lediglich um eine Wahlform für die Verbuchung der Abschreibung der Wertminderung, nicht aber um einen sachlichen Unterschied handelt. Dieser Formunterschied ermöglicht sich dadurch, daß es beim Abschlusse wie bei jeder algebraischen Gleichung für das Ergebnis gleichwertig ist, ob man einen Wert auf der rechten oder der linken

[1]) Prion, Finanzierung und Bilanz unter dem Einflusse der Geldentwertung (Berlin, 1921, Julius Springer).

Seite ansetzt, wenn man das Vorzeichen wechselt. Demgemäß ist hier freigestellt, die Abschreibung entweder vom Vermögensausweis abzuziehen oder den Verbindlichkeiten zuzuzählen. Da diese zweite Form von manchen Unternehmen, ursprünglich besonders von Eisenbahnunternehmen, teils aus den von der Kammerbuchführung übernommenen Zusammenhängen heraus, teils der Übersichtlichkeit wegen bevorzugt wurde, trug man diesem Umstande bei Abfassung des neuen Handelsgesetzbuches Rechnung.

An sich ist der Ausdruck Erneuerungsfonds hierbei irrig angewendet und daher geeignet, irrezuführen; ein Fonds (Schatz) kann nämlich in Wahrheit nur ein Vermögenswert sein, nicht aber ein Abzugsposten, also eine Feststellung eines nicht mehr vorhandenen Wertes. Der Ausdruck ist um so unzutreffender, als der mit der Bezeichnung Erneuerungsfonds gemeinte schuldmäßige Ansatz hier nicht einmal auf einen entsprechenden Gegenposten, nämlich einen abgezweigten Vermögensbestand, hinweist, denn von einer solchen für das Handelsgesetzbuch anfangs erwogenen Vorschrift ist abgesehen worden.[2]) Es handelt sich bei der Wahlbezeichnung des § 261,3 also lediglich um einen buchmäßigen Rechnungsansatz, und zwar um den Ansatz einer bloßen Wertberichtigung gegenüber der unverändert festgehaltenen Einstandsziffer eines Vermögensbestandes. Die Bezeichnung müßte daher richtiger Abschreibungsrechnung oder Abschreibungs- und Erneuerungsrechnung lauten; die Verbindung mit dem Begriff Erneuerung ergibt sich, weil es nahe liegt, einer solchen Rechnung, die lediglich eine Abzweigung der Anlagerechnung ist, nicht nur die Beträge der Abschreibungen gutzuschreiben, sondern auch die Aufwendungen für Erneuerung zu belasten. Hierbei liegt folgender Zusammenhang zugrunde: gleichwie die Abschreibung die Wertminderung der Anlage ausdrückt, stellt die Zuschreibung der Erneuerung — deutlicher: des Ersatzes — den Ausgleich der Entwertung dar. Auch wird erst auf diese Weise der Zweck voll erreicht, die Urziffern der Einstandswerte der Betriebsanlagen buchmäßig festzuhalten, während diese Ziffern bei Abschreibung der Wertminderungen und Zuschreibung des Ersatzes in der unmittelbaren Anlagerechnung, also bei der kaufmännisch üblicheren Buchungsweise, in den Abschlüssen nicht ersichtlich bleiben.

---

[2]) Vgl. Staub, Rehm; näheres hierüber wie überhaupt zu den Fragen der Abschreibung siehe in Schiff, „Wertminderungen an Betriebsanlagen (Bewertung, Abschreibung, Tilgung, Heimfall, Ersatz und Unterhaltung)“, (Berlin, Viertdruck 1920, Julius Springer).

3. Nichtbedingtheit der Abschreibung durch die Ersatzkosten

Wie diese nicht bestrittene Erklärung des handelsgesetzlichen Begriffes Erneuerungsfonds zeigt, schließt dieser keinerlei Notwendigkeit oder Voraussetzung ein, daß sich die pflichtmäßige Gesamtabschreibung auf eine Betriebsanlage mit der zum Ersatze der Anlage nötigen Aufwendung decke. Eine solche Vorbedingung besteht für diese — nur äußerlich abweichende — Buchungsart ebensowenig wie für die gewöhnliche Buchungsweise, bei der sich Abschreibung der Wertminderung und Zuschreibung des Ersatzes innerhalb einer einzigen Rechnung, der zugehörigen Anlagerechnung, vollziehen; es entspricht vielmehr den durch HGB § 38 vorgeschriebenen Grundsätzen ordnungsmäßiger Buchführung und den abschlußrechtlichen Vorschriften, daß der Ersatz, sei es unmittelbar, sei es über Erneuerungsrechnung, dem Anlagevermögen ohne Rücksicht auf die Höhe der Ersatzaufwendung belastet werde, wobei eine regelrechte Abschreibung der Wertminderungen vorausgesetzt ist. Aus dieser Sachlage ergibt sich lediglich die mit dem Gebrauch übereinstimmende gesetzliche Folge, daß sich die Abschreibung im Nutzungszeitraume der Ersatzanlage, gleiche Nutzungsfrist wie für die Uranlage vorausgesetzt, entsprechend den etwa größeren Ersatzkosten erhöht oder gemäß den etwa geringeren Ersatzkosten vermindert.

4. Die freiwillige Abschreibung

An dieser rechtlichen und wirtschaftsüblichen Sachlage wird dadurch, daß eine beschränkte Anzahl von Unternehmen auch früher schon andere Gepflogenheiten der Abschreibung angenommen hatte, grundsätzlich nichts geändert. Manche besonders ertragreiche Unternehmen schrieben nämlich entweder mehr ab, als der regelrechten Wertminderung entsprach, und trieben diese Abschreibungspolitik bis zur vorzeitigen Vollabschreibung oder sie belasteten die Aufwendungen für Ersatz, obschon ausreichende Abschreibungen oder Überabschreibungen vorangegangen waren oder nebenhergingen, zum Teil oder ganz der Betriebsrechnung, gleich als ob es sich um Aufwendungen des Verbrauchs der Verrechnungszeit handelte. Diese verschiedenen Verfahren unterscheiden sich nur der Form und dem Grade nach; grundsätzlich bedeuten sie gleiches: Überabschreibung der Wertminderung oder Unterbewertung des Vermögens. Es bestand und besteht demgemäß kein Zweifel, daß es sich hierbei, soweit die wegen Abnützung, Alterns und Veraltens notwendige Abschreibung überschritten wird, rechtlich und wirtschaftlich um freiwillige Abschreibungen, also um echten Gewinn, und zwar in Form versteckter Rücklagen, handelte. Diese Sachlage kam auch stets in der steuerrechtlichen Handhabung zum Ausdruck, indem die freiwilligen Mehrabschreibungen dem abschlußmäßigen Reingewinne zugerechnet wurden. Man bezeichnete diese Verfahren im kaufmännischen Leben daher auch als Thesaurierung, also Aufschatzung von Reingewinn oder neuem Vermögen, wovon keine Rede hätte sein können, wenn es sich dabei um einen Ausgleich von Vermögensminderungen, also um Bestandteile der aufgewendeten Betriebskosten, gehandelt hätte. Ein solches Verfahren kam im übrigen nur als Ausnahme vor, wie umgekehrt eine wahrscheinlich größere Anzahl von Unternehmungen wegen des im allgemeinen scharfen Wettbewerbes nicht einmal die notwendigen Abschreibungen voll vornahm. Da es sich bei den gedachten Verfahren aber nicht allein um Abweichungen von der Regel handelt, sondern diese Mehrabschreibungen auch ohne Zweifel echte Gewinnrücklagen darstellen, können diese Verfahren niemals als Unterstützung, sondern höchstens als Widerlegung der heutigen Erneuerungstheorie geltend gemacht werden, denn diese nimmt eine Abschreibung, die über die Urwertminderung hinausgeht, als Bestandteil der Selbstkosten in Anspruch.

5. Die Abbuchung der Erneuerungskosten statt Abschreibung

Es bleibt zu prüfen, ob jenes Buchungsverfahren, das die Abschreibung der Wertminderung überhaupt nicht kennt, sondern statt dessen den Erneuerungsaufwand unter den Betriebskosten abbucht, den Standpunkt unterstützt, daß die Abschreibung nach den Erneuerungskosten zu bemessen sei. Hierzu ist Folgendes zu sagen: Dieses Buchungsverfahren war und ist zunächst eines der Aushilfsmittel, deren sich die Kammerbuchführung bedient, um die Abschreibung zu ersetzen, da sie keine unmittelbare Möglichkeit hat, Veränderungen des Vermögens, die nicht als Geldbewegung auftreten, auszudrücken. Dieses Verfahren ist weiter auf eine beschränkte Zahl von Unternehmen übergegangen, die sich der kaufmännischen Buchführung bedienen, und zwar im wesentlichen auf Bahnunternehmen und andere Betriebsunternehmen, die derselben

Wirtschaftsgruppe zugehören, bei der die Kammerbuchführung am häufigsten vorkommt. Dieses Verfahren bedeutet gleichsam, daß ein Gegenstand immer erst dann abgeschrieben wird, wenn seine Entwertung bis zur Ersatzreife gediehen ist; allerdings wird dann gemäß den Möglichkeiten der Kammerbuchführung und der Eigenart des Verfahrens nicht der Betrag der Gestehungskosten des ursprünglichen Gegenstandes, sondern der Betrag der entsprechenden Ersatzaufwendung abgebucht. Dieses Verfahren weist also zwei grundsätzliche Fehler auf: einmal ist die Gesamtabschreibung im Sinne der Wertminderung ungenau, und ferner bleibt die jeweils noch nicht bis zur Ersatzreife gediehene, die verborgene Wertminderung unabgeschrieben.[3]) Dieses Verfahren enthält somit grundsätzlich eine Unterabschreibung, die allerdings begrenzt und bedingt auftritt. Daß die heute vorliegenden Bedingungen, nämlich die allgemeinen Verteuerungen des Ersatzes, diese Unterabschreibung, vom Standpunkte der Wertminderungsabschreibung gesehen, tatsächlich in ihr Gegenteil verkehren, ändert an der grundsätzlichen Sachlage nichts. Es ist ferner ein Kennzeichen dieses Verfahrens, daß der Ersatzaufwand an Stelle des Urwertes ohne Rücksicht darauf, ob der Ersatzaufwand geringer oder größer als der Uraufwand ist, abgeschrieben wird. Bei der Erneuerungstheorie werden aber die Erneuerungskosten nur deshalb der Bemessung der Abschreibung oder einer sie ersetzenden Rücklage zugrunde gelegt, weil dadurch gegenüber der Wertminderungsabschreibung eine entsprechende Mehrabschreibung entsteht. Sähe man also selbst davon ab, daß jenes Verfahren, das übrigens auch dem kaufmännischen Streben nach Abschlußstetigkeit widerspricht, unrichtig und deshalb ohne maßgebenden Wert ist, so müßte man doch feststellen, daß es zur Unterstützung der heutigen Erneuerungstheorie ungeeignet wäre.

6. Das Verhältnis von Abschreibung zu Ersatz und die Erneuerungstheorie

(Ergebnis aus b, Ziffern 2—5)

Der Verfasser muß hiernach, obschon gerade er frühzeitig auf die Beziehungen zwischen Abschreibung und Erneuerung hinge-

[3]) Genaues hierüber hat der Verfasser u. a. in „Abschreibung" (Berlin, 1921, Georg Stilke) und in dem Gutachten „Fehlbetrag und wirtschafticher Verlust bei der Reichsbahn" (Berlin, 1922, Verlag des Vereins deutscher Ingenieure) ausgeführt.

wiesen hat, zu dem Ergebnisse kommen, daß sowohl die Bezeichnungen wie die Buchungsverfahren, die Abschreibung und Erneuerung in Beziehung bringen, nichts enthalten, was zugunsten der Erneuerungstheorie in Anspruch genommen werden kann. Er durfte dies demgemäß in der Erörterung des Gegenstandes mit Walther Rathenau (Vossische Zeitung, 1920) unwidersprochen darlegen, und es ist festzustellen, daß die Selbstverständlichkeit, mit der wirtschaftlich Beteiligte Abschreibungswert und Erneuerungswert gleichsetzen, von den wissenschaftlichen Anhängern der Erneuerungslehre nicht in Anspruch genommen zu werden pflegt. Daß unter früheren Verhältnissen eine richtig berechnete Gesamtabschreibung zuzüglich des Restwertes des außer Dienst zu stellenden Gegenstandes in der Regel keine geringere Ziffer als den Betrag der Ersatzaufwendung aufwies, ändert an der gezeigten Rechtslage nichts, denn es handelte sich hierbei nur um eine Nebenerscheinung standfester Verhältnisse, nicht aber um eine grundsätzliche Voraussetzung des üblichen Abschreibungsverfahrens. Auch wurde tatsächlich innerhalb der gewöhnlichen, regelrechten Buchführung — also abgesehen von Fehlern, Willkür und bewußt freiwilligen Rücklagen — der übliche, auf die Gestehungskosten oder deren jeweiligen Zeitwert bezogene Wertminderungsausgleich abgeschrieben und der jeweilige Erneuerungsaufwand zugeschrieben, ohne daß zumeist auch nur nachgeprüft wurde, ob und inwieweit diese Werte voneinander abwichen; tatsächlich war dies etwas Alltägliches.

7. Die Vermögenserhaltung

Endlich ist hier — vorbehaltlich der entsprechenden wirtschaftlichen Untersuchung — zu prüfen, ob die Vorstellung, daß die „Substanz", also der Vermögensinhalt eines Erwerbsunternehmens, „erhalten werden müsse", im Abschlußrecht eine Stütze findet, denn mit dieser Anschauung wird die Erneuerungstheorie ebenso wie die ihr gleichgerichtete Wiederbeschaffungstheorie, die auf die Bewertung von Werkstoffen und Erzeugnissen beim Weiterverkauf abgestellt ist, mit Vorliebe begründet.

Schlechtweg — und man darf auf alle Fälle hinzufügen: schlecht — wird diese Forderung der Vermögenserhaltung im Zusammenhange mit der abschlußmäßigen Abschreibung gewöhnlich dahin ausgedrückt: durch die Abschreibung muß der Ersatz beschafft werden können. Daß diese Ausdrucksweise widersinnig ist,

ist für jeden Abschlußkundigen offensichtlich; wenn hier trotzdem darauf eingegangen wird, geschieht dies nicht, um einen Beweis mehr zu liefern, wie wenig verbreitet die Wissenschaft vom Abschluß ist, sondern weil hier der Ausgangspunkt einer verhängnisvollen Verwechslung von Fragen der Ermittlung von Vermögen und Gewinn und der Selbstkostenrechnung mit der Frage der Geldbeschaffung gegeben ist, während es sich in Wahrheit hierbei um Fragen handelt, die durchaus selbständig gesehen werden müssen.

Eine Abschreibung oder ein ihr entsprechender unechter Schuldansatz im Abschluß ist an sich lediglich eine Wertberichtigung, bezeichnet also einen nicht mehr vorhandenen Teil des Vermögens und kann somit kein Ersatzkapital bedeuten oder beschaffen. Lediglich das Zusammenwirken dreier Umstände, das an sich nicht selbstverständlich ist, hat einen Erfolg, der mit jener Vorstellung Berührung hat. Diese drei Umstände sind: Ansatz eines festen Kapitalpostens auf der Schuldenseite des Abschlusses, Ansatz der Abschreibung — die an sich als Wertberichtigung nötig ist und nur nicht mit der unmittelbaren Notwendigkeit einer Ausgabe in den Büchern erscheint — und Vorhandensein eines Ertrages, der ausreicht, um außer den Betriebskosten und etwaigen Verlusten die Abschreibung auszugleichen. Das Zusammentreffen dieser Umstände ist deshalb nicht selbstverständlich, weil der feste Kapitalansatz keine allgemeine Einrichtung ist und der Ertrag dem Wagnisse des Unternehmens unterliegt, während die Abschreibung, um die Änderung des Vermögens und das Betriebsergebnis darzustellen, jedenfalls vorgenommen werden muß, sei es auch nur mit dem Erfolge der Nachweisung eines Vermögensverlustes. Schon wegen dieser letzten Möglichkeit kann eine Geldbeschaffung grundsätzlich nicht als Funktion der abschlußmäßigen Abschreibung bezeichnet werden. Außerdem ist der feste Kapitalansatz selbst in der doppelten Buchführung und bei bedeutenden Unternehmen keine Selbstverständlichkeit, sondern es gibt zum Beispiel große Gewerkschaften, die einen unstarren Kapitalansatz in den Abschlüssen ausweisen; ihr Kapitalansatz spiegelt, wie es eigentlich natürlich ist, die Veränderungen des Vermögens. Der feste Kapitalansatz ist auch handelsgesetzlich nur bestimmten Unternehmungen, nämlich der Aktiengesellschaft und den ihr nächstverwandten Gesellschaftsformen, vorgeschrieben. Sinn dieser Vorschrift war aber nicht der — auf diese Weise gar nicht zu erreichende — Zweck der Erhaltung des Gesellschaftsvermögens zugunsten des Unternehmens oder der Gesellschafter, sondern ausschließlich ein gewisser Schutz der Gläubiger.

Diese Absicht des Gesetzes steht außer Zweifel; es sollte durch diese Vorschrift ebenso wie durch Bestimmungen über Herabsetzung des Grundkapitals, Einziehung von Aktien und Liquidation verhütet werden, daß Vermögen ohne weiteres ausgeschüttet werde. Dadurch wird aber, selbst wenn alle bezeichneten Vorbedingungen zusammentreffen, keineswegs ein Vorhandensein von Geldeswerten, die der Beschaffung von Ersatz oder anderen Zwecken dienen können, bedingt; vielmehr kann ein Unternehmen, das über die Erhaltung des Eigenvermögens hinaus Ertrag und auch im kaufmännischen Sinne Reingewinn abwirft, der Geldmittel ermangeln, umgekehrt aber ein Unternehmen, das bereits Vermögen aufgezehrt hat, über flüssige Mittel verfügen. Hieraus geht hervor, daß abschlußmäßige Abschreibung und Geldbeschaffung nicht zwangläufig verbunden sind. In der rechtlichen Natur der Abschreibung kann also keine Stütze der Vorstellung, daß der Unternehmer wirtschaftlicher Betriebe Anspruch auf Erhaltung des Vermögensinhaltes habe, gefunden werden.

Auch der feste Kapitalansatz als solcher, also ohne Rücksicht auf die erörterten Voraussetzungen und seine Zweckbestimmung, kann zugunsten eines Grundsatzes der Vermögenserhaltung nicht in Anspruch genommen werden. Dies ergibt sich aus Folgendem: Der Abschluß ist in Reichsmark aufzustellen; darunter ist aber die Papiermark in gleicher Weise wie die Goldmark zu verstehen. Durch den festen Kapitalansatz kann also höchstens erreicht werden, daß das Vermögen seinem Nennwerte nach nicht ausgeschüttet werde; der innere Vermögensgehalt wird hingegen nicht geschützt. Damit ist auch dem Zwecke des festen Kapitalansatzes genügt, da der Gläubiger nur Anspruch auf den Nennbetrag seiner Forderung hat.

Abschlußrechtlich kann mithin von einem Gesetz oder einer Notwendigkeit oder auch nur einem Gebrauche, das Vermögen nicht nur nach seinem Nennwerte, sondern auch nach seinem inneren Gehalt unversehrt zu erhalten, nicht die Rede sein.

Die wirtschaftliche Seite der Frage, also auch die Abschreibung als Bestandteil der Selbstkosten, wird in anderem Zusammenhange zu untersuchen sein.

c) Preisrechtliches

Von einem feststehenden, einheitlichen Preisrechte kann angesichts der immer noch fließenden Entwicklung nicht gesprochen werden; immerhin haben sich, gegründet im wesentlichen auf die

Verordnung gegen Preistreiberei vom 8. 5. 1918, eine Reihe neuerer Grundsätze oder Richtlinien für die Ermittlung des angemessenen Preises herausgebildet. Inwieweit diese in dem hier behandelten Zusammenhange Platz greifen, hängt von verschiedenen Umständen ab: einmal beziehen sich jene Grundsätze im allgemeinen auf die Preise der Gegenstände des täglichen Bedarfes, sind also nicht unmittelbar auf die Abschreibungsfrage abgestellt; ferner kommt es im Einzelfalle darauf an, ob vertragliche oder gesetzliche Richtlinien vorliegen, wie dies etwa für Streitigkeiten wegen der Preise von Leitungswasser, Leuchtgas und elektrischer Arbeit zu gelten pflegt. Im allgemeinen darf aber wohl rechtsgrundsätzlich in Anspruch genommen werden, daß jene Richtlinien, soweit sie aus zwingendem Recht erfließen, die zulässige obere Grenze der Preisfestsetzung darstellen. Im übrigen sei darauf hingewiesen, daß die vorliegende Untersuchung lediglich eine unabhängige, sachlich richtige Lösung zu fördern beabsichtigt, und daß sie sich in Anbetracht der anlaßgebenden Umstände mit der allgemein preisrechtlichen Frage nur beiläufig beschäftigt. Mit diesen Vorbehalten möge der Vollständigkeit wegen hier kurz betrachtet werden, wie sich die Erneuerungstheorie im Lichte heutiger preisrechtlicher Verhältnisse darstellt.

Unter früheren Umständen gab es eine Erneuerungstheorie überhaupt nicht, sondern nur die Wertminderungslehre. Mehrkosten des Ersatzes wurden nicht anders behandelt als Kosten einer Erstbeschaffung: sie zählten zu den Anlagekosten, und die Abschreibung richtete sich nach den Kosten der Vergangenheit, nicht nach den Kosten der Gegenwart oder der Zukunft. Unter alten Umständen durfte also, wenn ein Preis auf Grund der Selbstkosten festzustellen war, eine Abschreibung, die über die gewöhnliche Wertminderungsabschreibung hinausging, nicht als Bestandteil der Selbstkosten, also auch nicht des angemessenen Preises angesehen werden. Diese Tatsache ist auch heute noch und selbst bei Bejahung der Erneuerungstheorie von großer Wichtigkeit, denn ein wesentlicher Teil der herrschenden Verteuerung ist nicht als Wirkung der Geldentwertung, sondern als echte Sachteuerung anzusehen. Die Ursachen hiefür liegen zutage: Zerstörung von Arbeitsmitteln und Arbeitskräften durch den Krieg und dessen Folgen, verringerte Arbeitszeit ohne verhältnismäßige Herabsetzung der Arbeitseinkommen, verminderter Wirkungsgrad der Arbeit wegen verhältnismäßig größerer Anlaufzeit und Stillsetzzeit und infolge geringeren Arbeitswillens, Verknappung an Kapital, besonders an inländischen Rohstoffen, und Mißernten; auch die Verteuerung der Einfuhrgüter ist in dem Umfange Sachteuerung, wie diese Güter in der Binnenwirtschaft des Ausfuhrlandes trotz unversehrter Währungsgüte teuerer geworden sind. Der Umstand, daß auch in solchen Ländern vielfach erhebliche Verteuerungen vorliegen, beleuchtet überdies die Allgemeintatsache, daß seit dem Kriege nicht nur Geldentwertung, sondern auch echte Sachteuerungen eingetreten sind. Da diese Art Teuerung selbst in Ländern, die am Kriege nicht teilgenommen und sogar Nutzen aus ihm gezogen haben, 200—300 v. H. der Friedenspreise betrug, muß sie bei uns wesentlich höher eingeschätzt werden, sodaß ihr ein erheblicher Anteil an der Gesamtverteuerung zukommt. Für die Abschreibung dieser Sachteuerungskosten muß es ohne weiteres bei der Wertminderungslehre sein Bewenden haben; die hierdurch verursachten Mehrkosten sind demgemäß keinesfalls vorweg, sondern erst im Nutzungszeitraum der Ersatzanlage abzuschreiben.

Im Hinblick auf die Frage der Mehrabschreibung wegen Geldentwertung ist zunächst festzustellen, daß die Verordnung gegen Preistreiberei die Geldentwertung nicht berücksichtigt, und daß die Rechtsprechung zunächst von den Gestehungskosten im alten Wortsinne des Einstandspreises ausging. Dieser Standpunkt galt sowohl in Wuchersachen wie in den Fällen, in denen ein Kaufmann von seinem Lieferer Schadensersatz wegen Nichterfüllung forderte. In neuester Zeit legt die Rechtsprechung den Begriff Gestehungskosten dahin aus, daß er die Berücksichtigung der Geldentwertung, die zwischen den Zeitpunkten der Beschaffung und des Verkaufes eingetreten sei, in beschränktem Umfange zulasse. Die Begrenzung besteht darin, daß die Geldentwertung nach dem Maßstabe von Auslandwährungen nur für ausländische Waren oder vorwiegend ausländische Arbeitsstoffe, und zwar nur für die reinen Auslandkosten ohne zugehörige Inlandkosten von Frachten, Löhnen und anderem, zu berücksichtigen sei, während für inländische Güter und Dienste nur die allgemeine Verteuerung, wie sie sich etwa in den vom statistischen Reichsamt ermittelten Teuerungschlüsseln für die Kosten der Lebenshaltung ausdrückt, in Betracht komme. Soweit keine sogenannte Notmarktlage, sondern regelrechte Marktverhältnisse als vorliegend gelten, sind überhaupt nicht die Gestehungskosten des Sonderfalls, sondern die Marktpreise, und soweit Preise amtlich festgesetzt werden, die amtlichen Festsetzungen maßgebend. Diese Gesichtspunkte sind besonders in den Richtlinien des Reichswirtschaftsministers und des Reichjustizministers vom 16. 12. 1922 und in der Entscheidung des Reichsgerichtes vom 19. 12. 1922 zusammengefaßt worden. Nachdrücklich abgelehnt wird jedoch in der Entscheidung des Reichsgerichtes vom 22. 9. 1922, in der erwähnten Entscheidung vom 19. 12. 1922 und in den Richtlinien, den Wiederbeschaffungspreis als Maßstab der Selbstkosten gelten zu lassen, wie dies namentlich von händlerischen Kreisen gefordert worden ist und auch dem Standpunkte der meisten Industriellen und einer Reihe von Betriebswirtschaftlern entspricht. Dem Kaufmann, erklärt insbesondere die letzte Entscheidung, könne kein Sonderrecht eingeräumt werden, für jede verkaufte Ware eine gleiche Menge Ersatzware zu beschaffen und auf diese Weise den Bestand des Vermögens unter allen Umständen sicherzustellen, während die übrigen Volksgenossen fortgesetzt Minderungen ihres Vermögens hinnehmen müßten. Auch habe kein Kaufmann Anspruch auf gleichbleibenden Umsatz; eine volkswirtschaftliche Notwendigkeit liege hierfür ebenfalls nicht vor, da die Verteuerung die Nachfrage herabdrücke. Die Zulassung des Wiederbeschaffungspreises als Einstandspreises oder seine Berücksichtigung innerhalb des Reingewinns würde vielmehr jene Folge herbeiführen, die das Gesetz verhüten wolle, nämlich das Zustandekommen von Preisen, die einer Notmarktlage entsprächen; denn der Wiederbeschaffungspreis beruhe heute vielfach auf Preistreiberei. Gemäß diesem Standpunkt ist jede Preiserhöhung, die über die hier bezeichnete Grenze hinausgeht, also etwa die willkürliche Anpassung von Preisen an ein Steigen des Dollarstandes, Preiswucher.

Die Erneuerungstheorie entspricht, zumal in ihrer unternehmerischen Auswertung, grundsätzlich der Forderung, innerhalb des Warenpreises den Wiederbeschaffungspreis an die Stelle des Einstandspreises zu setzen. Demgemäß muß nach dem Stande der Rechtsprechung auch die Erneuerungstheorie als ungesetzlich abgelehnt werden. Auch das Reichswirtschaftsministerium steht, soweit ihm die Regelung von Preisen gewerblicher Güter obliegt, auf dem Standpunkte, daß die Geldentwertung bei den Abschreibungen nur in beschränktem Umfange zu berücksichtigen sei; die Preisfestsetzung pflegt im übrigen im Wege der Verständigung mit den Erzeugern zu erfolgen, wobei sich die Behörde als bestrebt erklärt, die tatsächlichen Verteuerungen im Einzelfalle genau zu ermitteln und auch alle jene Gesichtspunkte — so den Einfluß der Löhne — heranzuziehen, die den Durchschnitt der Verteuerung herabdrücken. Trotzdem werden die vom Reichswirtschaftsministerium zugelassenen Preise vielfach als zu hoch bemängelt; inwieweit dies auf den Grundsätzen der Preiserrechnung oder auf der tatsächlichen Buchungsweise der in Frage kommenden Unternehmen, insbesondere etwa auf der verbreiteten Gepflogenheit beruht, Kosten, die, richtig beurteilt, den Charakter von Anlagekosten haben, der Betriebsrechnung zu belasten, steht hier nicht zur Untersuchung.

d) Steuerrechtliches

Für die steuerrechtliche Seite des Gegenstandes ist im allgemeinen zunächst eine maßgebende verneinende Feststellung zu machen: Steuerrecht ist als Verwaltungsrecht öffentliches Recht und somit für bürgerliche Rechtsverhältnisse nicht entscheidend; ebenso gilt es nicht für das Sondergebiet des Handelsrechts, und demgemäß decken sich bekanntlich steuerlicher und handelsrechtlicher Rechnungsabschluß nicht. Wesentlich ist hierbei der Umstand, daß das Steuerrecht auf der einen Seite Ausfluß rein geldwirtschaftlicher Staatsbelange, auf der anderen Seite durch die Innenpolitik und Wirtschaftspolitik des Landes beeinflußt ist; es ist somit nicht als Ausfluß rein sachlicher Rechtsanschauungen, sondern als Mittel zu bestimmten Zwecken und als Ausgleich verschiedener Belange zu bewerten. Demgemäß sei die steuerrechtliche Seite des Gegenstandes hier nur kurz berührt.

Auch die Frage der Abschreibung auf Grund der Ersatzkosten ist im Steuerrecht nach wirtschaftspolitischen Gesichtspunkten geregelt worden. Grundsätzlich steht die steuerliche Handhabung auf dem engsten Standpunkte der Wertminderung, sodaß jede nicht genau nachweisbare Wertminderung unberücksichtigt bleiben soll. So ließen die Finanzämter bei städtischen Grundstücken bis vor kurzem, obschon die Wertminderung durch langjährige Vernachlässigung in Verfall ausgeartet, ihr Zeitschritt also stark beschleunigt ist, im allgemeinen nur eine Abschreibung von 0,5 vh zu, bezogen auf einen Veranlagungswert, der die Geldentwertung so gut wie gar nicht berücksichtigte. Dieser Standpunkt ist auch grundsätzlich für industrielle Abschreibungen aufrechterhalten worden; nur in der Anwendung ist die Rechtsprechung und später die Gesetzgebung dem Standpunkte der Erneuerungstheorie in engen Grenzen und bedingten Formen näher gebracht worden.[4])

Zunächst hat der Reichsfinanzhof Abschreibungen auf das Gesamtunternehmen für zulässig erklärt, wenn dieses durch Mehrkosten der Ersatzbeschaffung unentbehrlicher Gegenstände entwertet

[4]) (Nachträgliche Anmerkung:) Die neue Gesetzgebung über die Berücksichtigung der Geldentwertung bei der Besteuerung lag bei Abfassung dieser Untersuchung noch nicht vor.

werde. Ein solcher Nachweis kann nur in besonderen Fällen geführt werden, etwa bei einem Unternehmen der Schiffahrt, das nur ein einziges Fahrzeug besaß und infolge Verlustes dieses Fahrzeuges seine übrige Betriebsanlage nicht mehr verwerten kann. Außerdem sollte diese Mehrabschreibung nur dann steuerfrei sein, wenn das Gesamtunternehmen zu hoch bewertet war. Dieser Entscheidung kommt mithin keine wesentliche Bedeutung zu.

Weiter ist durch die bekannten §§ 33a und 59a des Einkommensteuer-Nachtraggesetzes vom 19. 3. 1921 und entsprechend beim Körperschaftsteuergesetz die steuerfreie Herabsetzung der Gestehungskosten von Betriebsgegenständen auf einen etwa niedrigeren gemeinen Wert und eine steuerfreie Rücklage für Mehrkosten des Ersatzes, die gegenüber dem gemeinen Wert entstehen dürften, zugelassen worden. Diese Regelung ist jedoch gesetzlich auf die Jahre 1920 bis 1926 beschränkt und die steuerfreie Rücklage auf das Doppelte bis Sechsfache der Gestehungskosten, je nach dem Zeitpunkte der Beschaffung des Betriebsgegenstandes, begrenzt worden. Außerdem muß die Verwendung der Rücklage der Steuerbehörde genau nachgewiesen und ein nichtverwendeter Betrag nachträglich versteuert werden. Die Mehrkosten, die bei Beschaffung des Ersatzes zu Lasten der steuerfreien Rücklage verrechnet werden dürfen, sind ferner auf 40 vh des Betrages der tatsächlichen Ersatzkosten beschränkt worden.

Diese Bestimmungen zeigen nach der Art ihres Zustandekommens, nach ihrem ganzen Geist und durch ihre beschränkenden Einzelheiten einen so ausgeprägten Ausnahmecharakter und so deutliche Merkmale der politischen Uebereinkunft, daß sie eher die Grundgeltung der Wertminderungstheorie unterstreichen, als eine Anerkennung der Erneuerungstheorie darstellen.

---

4. Wirtschaftliche Erwägungen

a) Die Erhaltung des Vermögensinhaltes

1. Rechtsgrundsätzlicher Vorbehalt

Daß der Anspruch auf die sogenannte Substanzerhaltung, also auf Ausgleich des Kaufkraftunterschiedes zwischen Goldmark und Papiermark durch Preiserhöhung, der sich in der Erneuerungstheorie und Wiederbeschaffungstheorie ausspricht, rechtlich nicht begründet werden kann und demgemäß von den rechtlich unterrichteten Anhängern der Theorie nur mit wirtschaftlichen Gründen vertreten wird, war schon in anderem Zusammenhange darzulegen. Wirtschaftliche Begründungen vermögen indes den Grundsatz nicht zu verdrängen, daß rechtliche Tatsachen nicht einfach auf Grund anderer Erwägungen beiseite geschoben werden dürfen. Immerhin mag dies bei der Aufstellung des Abschlusses, soweit er nur für die Beteiligten bestimmt ist, und solange Konkurs und Liquidation nicht in Frage kommen, hingehen, da das Gesetz den Beteiligten, besonders auch der Generalversammlung und der Gesellschafterversammlung, weitgehende Beschlußfreiheit zubilligt; obschon also etwa eine abschlußmäßige Unterbewertung des Vermögens von der allgemein vorgeschriebenen Abschlußwahrheit abweicht, kann sie doch auf zulässige Weise zustande kommen. Handelt es sich hingegen um Rechtsbeziehungen zu Dritten, so können Wirtschaftsbelange ohne weiteres kein Recht begründen, das vom geltenden Recht abweicht. Unabhängig von dieser rechtsgrundsätzlichen Sachlage möge hier die wirtschaftliche Begründung des Anspruches auf Vermögenserhaltung nach rein wirtschaftlichen Gesichtspunkten untersucht werden.

2. Die volkswirtschaftliche Unmöglichkeit der Erfüllung des Anspruches auf Vermögenserhaltung

Zunächst muß ein Grundirrtum aufgeklärt werden, der die Frage der Vermögenserhaltung beherrscht: es wird vielfach schlechthin vorausgesetzt, daß die Forderung der Erhaltung des Vermögensinhaltes einem wirtschaftlichen Gesetz entspreche. Hierbei liegt jedoch die Verwechslung eines begreiflichen Strebens der Erwerbswirtschaft mit einem allgemeinen wirtschaftlichen Gesetz und insbesondere eine unberechtigte Gleichsetzung privater und volkswirtschaftlicher Belange zugrunde.

Betrachtet man die Frage volkswirtschaftlich, so scheitert jede Aufrichtung einer wirtschaftsgesetzlichen Notwendigkeit, daß dem Unternehmer sein Vermögen dem Inhalte nach — also sein Kapital im richtigen Wortsinne — erhalten bleibe, ohne weiteres und endgiltig an der Macht der wirklichen Tatsachen. Setzt man das deutsche Volksvermögen in seinem Vorkriegsbestand oder sonst zu vergleichendem Ausgangsbestande mit dem Wert hundert an, so muß man den früheren oder späteren Nachkriegsbestand des Volksvermögens — auf eine genaue Zeitbestimmung kommt es für diese grundsätzliche Erwägung nicht an — infolge der Zerstörungen durch Krieg und Umsturz, wegen unserer Abtretungen und sonstigen Leistungen aus dem Friedensvertrag und wegen Untererzeugung wesentlich niedriger, zum Beispiel mit der Größe 60, bezeichnen. Unser Volksvermögen verteilte sich auf eine Anzahl öffentlich-rechtlicher und privater Eigentümer; will jeder dieser Eigentümer sein Vorkriegsvermögen dem Inhalte nach aufrechterhalten — und der Staat hätte mindestens das gleiche Recht hierzu wie der Privatunternehmer —, so ist diese Aufgabe, zumal unsere Güterschaffung seither dauernd hinter unserem Eigenbedarfe zurückgeblieben ist, unmöglich zu lösen. Es wäre also widersinnig, ein solches Streben als wirtschaftliches Gesetz anzusehen, und es kann nicht einmal als Notwendigkeit bezeichnet werden, da ein Weiterbestehen trotz der Unmöglichkeit, diesem Streben gerecht zu werden, mindestens bei vernünftiger Einstellung der Wirtschaft auf die veränderte Grundlage von Kapital und Leistung als erwiesen gelten konnte.

3. Die privatwirtschaftliche Unmöglichkeit der Erfüllung des Anspruches auf Vermögenserhaltung

Hieraus ergibt sich, daß es sich bei dem Anspruch auf Vermögenserhaltung nur darum handeln kann, daß Privatunternehmer ihr wirkliches Kapital auf Kosten der sonstigen Eigentümer von Kapital oder kapitalwerten Rechten und der unmittelbar oder mittelbar an der Güterschaffung Mittätigen im alten Umfange zu erhalten suchen. Da eine reinliche Scheidung in Erzeuger und Verbraucher nicht möglich ist, ergibt sich hieraus der — tatsächlich bestehende — Kampf aller gegen alle.

Die Sachlage stellt sich in folgender Weise dar. Infolge unserer Verarmung und unzureichenden Arbeitsleistung und wegen der Unmöglichkeit ausreichender Auslandzufuhr — einer Folge teils derselben, teils anderer wirtschaftlicher und politischer Ursachen — besteht ein dauerndes Mißverhältnis zwischen Bereitstellung von Gütern und Umfang der Bedürfnisse; dies ermöglicht in Ansehung unserer Wirtschaftsordnung den ausschlaggebenden Erzeugern von Lebensmitteln und gewerblichen Stoffen und den maßgebenden Verkaufsvereinigungen oder Händlern eine selbstherrliche Festsetzung der Preise. Die hiergegen verfügbaren verwaltungsmäßigen und gesetzlichen Hemmungen vermögen wegen der Schwäche der Staatsmacht und mangels volkswirtschaftlichen Denkens keine entscheidende

Wirkung auszuüben. In ähnlicher Weise vermögen die Arbeiter ihre Lohnansprüche durchzusetzen. Da sowohl der Preis der Dienste und der Preis der lebenswichtigen Güter wie auch die Preise verschiedener Sachgüter unter einander Gegenseitigkeits-Funktionen sind, führt die angedeutete Sachlage zu einer endlosen Preisschrauberei. Dies hat allerdings zur Folge, daß Vermögen und Arbeitsertrag jener Schichten des Volkes, die, stofflich gesehen, nur oder überwiegend Verbraucher sind, mehr und mehr in das Eigentum der Unternehmer übergehen; man braucht aber keine Statistik heranzuziehen, um mit Bestimmtheit aussprechen zu dürfen, daß die hierdurch weiter oder völlig verarmenden Schichten nur einen Bruchteil dessen besaßen oder erzeugen, geschweige herzugeben fähig sind, was erforderlich wäre, um das deutsche Unternehmerkapital unversehrt zu erhalten und sogar Kriegsschäden zu heilen. Dies ist um so weniger möglich, als schon Krieg und Umsturz zu einer starken Verschiebung von Volksvermögen auf Kosten der staatlichen und sonstigen öffentlichrechtlichen Körperschaften und der nicht unmittelbar wirtschaftstätigen Bevölkerung geführt haben. Die bezeichnete Unmöglichkeit wird auch durch die Tatsache nicht widerlegt, daß stellenweise Neuanlagen erstellt worden sind, denn dieser Zunahme gegenüber dem Vorkriegsstande steht auf der anderen Seite ein Rückgang gegenüber, der sich zum Beispiel im Verfall der Wohngrundstücke und im Verkaufe deutschen Grundbesitzes und deutscher Wertpapiere an das Ausland ausdrückt. Mithin enthält der Glaubenssatz von der Erhaltung des Vermögensinhaltes, selbst wenn man ihn auf das privatwirtschaftliche Unternehmerkapital begrenzt, eine mathematische Unmöglichkeit.

4. Die Untauglichkeit des Mittels der Preiserhöhung wegen Geldentwertung

Das Mittel der Preisschrauberei, das wesentlich auf der Theorie der Erneuerungskosten und Wiederbeschaffungskosten beruht, ist aber nicht nur ein Versuch am untauglichen Gegenstande, sondern auch ein Versuch mit untauglichen Mitteln. Um das Kapital der deutschen Wirtschaft auf dem Ausgangstande zu erhalten, gibt es nur zwei endgiltige Möglichkeiten: Ersparung an Verbrauch und Mehrschaffung von Gütern. Darlehen vom Auslande können eine wichtige zeitweilige Hilfe sein, bringen aber keinen endgiltigen Ausgleich. Jene Hilfsmittel kommen nicht annähernd ausreichend zur Wirkung. Die Ersparnis am Verbrauche beschränkt sich — zumal früher Ersparnisse gemacht wurden, jetzt aber Ersparnisse aufgezehrt werden — im wesentlichen auf die Entbehrungen der Schichten, deren Einkommen hinter der Teuerung stark zurückgeblieben ist, und ist daher nicht annähernd erheblich genug; es kommt hinzu, daß auch die Einfuhr nicht genügend beschränkt ist. Eine planmäßige Verbesserung des technischen, wirtschaftlichen und verwaltungsmäßigen Wirkungsgrades unserer regellosen Wirtschaft in Gewerbe und Landwirtschaft, also des Verhältnisses von Nutzleistung zu Aufwand, könnte allerdings eine maßgebende Wirkung ausüben; sie wird aber nicht durchgeführt, und auch für eine echte Freiwirtschaft — falls man an deren selbstregelnde und selbstheilende Wirkung glaubt — fehlen die maßgebenden inländischen wie weltwirtschaftlichen Voraussetzungen, insbesondere die Vorbedingungen ausreichenden Wettbewerbs. Die Ausfuhr, die dem Inhalte nach nur etwa ein Drittel des Vorkriegswertes ausmacht, bleibt wesentlich hinter der Einfuhr zurück. Unsere gesamte Zahlungsbilanz zeigt wegen der großen Zunahme der Verpflichtungen und wegen des Versiegens unserer ausländischen Erträge eine noch weit stärkere Störung des Gleichgewichts. Ausländische Darlehen zu einer auch nur vorübergehenden Abhilfe stehen nicht annähernd in genügendem Umfange zur Verfügung. Auch der Ausverkauf deutscher Kapitalwerte ans Ausland wirkt nicht erheblich genug, um den Fehlbetrag der deutschen Wirtschaft selbst nur im Augenblicke zu decken, ganz abgesehen davon, daß er einen dauernden Ausfall an Ertrag erzeugt. Noch weniger kann der Verkauf von Papiermark ans Ausland, da er die Geldentwertung unmittelbar fördert, eine Dauerwirkung erzielen.

Bei dieser Sachlage hat die Preisschrauberei — der Ausdruck wird hier nicht als Werturteil, sondern im sachlichen Sinn angewendet — neben der Verelendung der nichtabwälzenden Schichten im wesentlichen nur jene Wirkungen, die im allgemeinen mit Inflation bezeichnet werden; sie bedeutet eine Verteuerung der Güter und Dienste, der durch Vermehrung der Geldzeichen und Anspannung der Borgmöglichkeiten entsprochen wird. Da dieser Vermehrung von Geldzeichen und Schulden jedoch keine Mehrung oder Besserung der verfügbaren Sachgüter gegenübersteht, bedeutet dies nur die Schaffung künstlicher Kaufkraft, also die Vermehrung des Wettbewerbes um die unzureichende Menge verfügbarer Güter und Dienste, also wiederum die Steigerung der Einheitspreise. „Die Vermehrung der Umlaufbons ohne gleichzeitige Vermehrung des sozialen Kapitals hat keine andere Wirkung, als alle Preise zum Steigen zu bringen, die des Bodens, der Häuser und der Maschinen, ebenso wie die der Verbrauchsgegenstände" — so der urteilsfähige Volkswirtschaftler Rist in einer durch unsere Umstände ganz unbeeinflußten Erörterung, nämlich bei Beurteilung Proudhons. Es erschiene unnötig, diese Selbstverständlichkeit zu belegen, wenn sie nicht bei uns vollständig vernachlässigt würde.

5. Die Schädlichkeit des Mittels der Preiserhöhung wegen Geldentwertung

Das Mittel der Preissteigerung wegen Geldentwertung ist aber nicht nur untauglich, weil es Geldentwertung erzeugt, also die Inflation mit der Inflation zu bekämpfen sucht, sondern es wirkt auch unheilvoll.

Dieses Verfahren verhindert zunächst die Selbstheilung, deren Keim wirtschaftliche Krankheiten gleich körperlichen Krankheiten mitunter in sich bergen. Die Mittel der Selbstheilung, die freilich als bloße Naturmittel innerhalb künstlicher Verhältnisse nicht ausreichend und nicht nur günstig wirken könnten, wären folgende: wesentliches Nachlassen des Verbrauches infolge allgemeinen Fühlbarwerdens unserer Verarmung, entsprechendes Absterben unnötiger Einfuhr und unnützlicher — also weder für das Inland nötiger noch für die Ausfuhr nützlicher — Erzeugung, Verkümmerung überflüssiger Vertriebseinrichtungen und in der Folge Umstellung von Kapital und Arbeit in zweckmäßiger Richtung, besonders auch im Sinne der Förderung unserer wichtigsten, der landwirtschaftlichen Erzeugung. Wäre die Schaffung künstlicher Kaufkraft unterblieben, so wäre zum Beispiel die ungeheuerliche und unter unseren Verhältnissen unverantwortliche Vergeudung von Volksvermögen, die der inländische Verbrauch von Tabakwaren, Trinkbranntwein und Schokolade darstellt, ganz anders beschränkt worden. Der Einwand, daß dadurch Arbeiter und Arbeitsmittel Beschäftigung eingebüßt hätten, ist angesichts einer überflüssigen Betätigung, die überdies kostspieligste Stoffe vergeudet, volkswirtschaftlich nicht ernst zu nehmen. Wenn man aber, wie dies bei uns seit lange geschieht, aus innerpolitischer Aengstlichkeit jeden kraftvollen Eingriff unterlässt, muß um so schlimmeres Unheil endliche Folge sein.

Von den Mitteln, unserer Kapitalnot abzuhelfen, also auch den Ersatz verbrauchter Betriebsanlagen sicherzustellen, wird durch die Preisschrauberei nur eines berührt: die Einschränkung des Verbrauches. Dieses Mittel kommt jedoch, wie bereits darzulegen war, auf diese Weise nur ganz unzureichend zur Wirkung, weil der entbehrliche Verbrauch der Schichten, die keine Mehrkosten abzuwälzen vermögen, viel zu gering ist und auch kein Zwang vorliegt, Vermögensbesitz zu schonen. Dieses Mittel ist überdies, wenn es nur selbsttätig ausgelöst, also ohne vernunftmäßige Regelung auftritt, mit gesamtwirtschaftlichen Schädigungen verbunden, insofern es auch die Einschränkung werbender, also solcher Aufwendungen zur Folge hat, die der nützlichen Güterschaffung, zu der mittelbar auch fernerstehende geistige Leistungen gehören, dienen. Die Schädlichkeit besteht ebensowohl in der Schwächung menschlicher und tierischer Leistungsfähigkeit durch Unterernährung wie in der Verkümmerung von Betriebsanlagen, die der binnenwirtschaftlich nötigen oder ausfuhrwirtschaftlich nützlichen Erzeugung dienen; denn innerhalb einer regellosen Wirtschaft, die auch der Ordnung des Darlehenswesens ermangelt, ist es keineswegs gesichert, daß nur die unnützliche Erzeugung und die unwirtschaftliche Güterverteilung eingeengt werden. Das bezeichnendste Beispiel solcher Wirkung einer planlosen Wirtschaft im Verein mit einer ebenfalls regellosen und überdies einseitig-willkürlichen Preisbeeinflussung ist die Tatsache, daß trotz einer Wohnungsnot, die Gesundheit, Sittlichkeit und Wirtschaftskraft unseres Volkes aufs verderblichste schädigt, und obwohl Baustoffe und Arbeitskräfte in weit größerem Umfange bereitgestellt werden könnten, Wohnhäuser nur in verschwindendem Umfange gebaut werden, während unnützliche Betriebe zu tausenden erhalten und erneuert werden. Jedem Denkenden muß allein diese Tatsache vollgiltig beweisen, daß unsere Wirtschaftsgebarung grundlegende Fehler und — wie man es ehrlicherweise nennen muß — verbrecherische Verkehrtheiten einschließt.

Das Mittel der Preiserhöhung wegen Geldentwertung ist weiter deshalb verhängnisvoll, weil es die Selbsttäuschung erzeugt, daß der angestrebte Erfolg damit zu erreichen sei, und dadurch verhindert, daß die wirksamen Heilmittel erkannt und genützt werden. Diese bestehen in der bewußten Förderung und Regelung der angedeuteten natürlichen Heilvorgänge und in der planmäßigen Hebung der nützlichen Erzeugung und des Wirkungsgrades von Erzeugung und Verteilung, in der Regelung der binnenländischen Darlehenswirtschaft und in Anstrengungen, die Weltwirtschaft, also die Verteilung von Gütern, besonders Rohstoffen, und das zwischenländische Darlehenswesen im Sinn einer vernünftigen Regelung, die nicht nur billig, sondern auch allen Beteiligten nützlich wäre, zu beeinflussen.

Das Verfahren der Preiserhöhung im Sinne der Vermögenserhaltung ist aber nicht nur volkswirtschaftlich schädlich und privatwirtschaftlich untauglich, sondern letzten Endes für das Unternehmertum selbstmörderisch. Auf der einen Seite hebt das hemmungslose Abwälzen den Zwang, zu rechnen, auf, also auch den Zwang zur Wirtschaftlichkeit und damit die Vorbedingung dauernder weltwirtschaftlicher Wettbewerbsfähigkeit, auf der anderen Seite vernichtet es, weil der Erfolg dieses Verfahrens seiner Natur nach ständig sinken muß, in immer weiter greifendem Maße die Kaufkraft inländischer Abnehmer, ohne daß — selbst abgesehen vom Versiegen der Wettbewerbskraft — angesichts der weltpolitischen und weltwirtschaftlichen Lage ausreichender Ersatz durch Absatz an das Ausland erreichbar ist. Ferner aber treibt die Massenschöpfung deutscher Zahlungsmittel, die weder durch Währungsmetall noch durch andere volkswirtschaftliche Güter gedeckt sind — und dies ist, wie gezeigt, die maßgebende Wirkung der Preisschrauberei —, auch die Auslandgeltung unserer Währung immer weiter nach unten. Dies geschieht zunächst kraft greifbarer Wirkungen, indem die Ueberflutung mit deutschen Zahlungsmitteln im Inland einen überspannten, vielfach nur auf Schieberei und Hamsterei gerichteten Wettbewerb um fremde Devisen erzeugt und auch sonst in der Welt das Verhältnis zwischen Nachfrage und Angebot in deutscher Währung fortgesetzt für uns verschlechtert. Es geschieht weiter kraft unwägbarer Wirkungen, denn der Kredit eines Landes und die Auslandgeltung seiner Währung hängen nicht nur von der Zahlungsbilanz, sondern auch von gefühlsmäßigen Umständen ab. In wie hohem Maße dies der Fall ist, wird freilich in Deutschland nicht annähernd erkannt und gewürdigt. Der Verfall gemeinnützigen Denkens und Handelns, das Ueberwuchern engsten Eigennutzes und der Mangel an gegenseitigem Vertrauen und an Selbstvertrauen werden hier infolge jener Macht, die einen Körper — freilich auf Kosten seiner Gegenwirkungskraft — selbst an Gifte gewöhnt, kaum mehr empfunden; der ausländische Beobachter indes, der dem täglichen Erleben des Inländers entrückt ist, sieht diesen Niedergang in grellem Licht und verliert das Vertrauen zu Deutschland um so gründlicher, je länger er es vordem bewahrt hat. So empfindet das Ausland mit Recht die uneingedämmte Papierflut über das unmittelbar Greifbare hinaus als sprechendsten Ausdruck einer Wirtschaftsweise und eines Staatsverhaltens, die nicht fähig oder — nach seiner Ansicht — vielleicht sogar nicht willens sind, Leistung und Verbrauch einander anzunähern und überhaupt in wirtschaftlichen wie in politischen Dingen Ordnung zu schaffen. Jene durch hemmungslose Abwälzung gekennzeichnete Wirtschaftsweise ist demgemäß eine der Hauptursachen, daß die Auslandgeltung unserer Währung ins Bodenlose sinke. In verhängnisvollem Kreislauf wirkt aber wiederum der Verfall der ausländischen Kaufkraft unseres Geldes auf dessen Innenwert zurück. Zu allem Unglück schließt letzten Endes das im allgemeinen zu beobachtende Voraneilen des ausländischen Verfalls der Währung nicht einmal aus, daß dort, wo inländische Preisschrauberei und Sturz der Auslandwährung besonders stark zusammenwirken, die Inlandpreise sogar die Preise des Weltmarktes überschreiten, wie dies bei unserer Eisenerzeugung, die zumeist auf Auslanderze angewiesen ist, und auf manchen anderen Gebieten bereits der Fall ist. Der Zusammenbruch der Auslandgeltung unserer Zahlungsmittel bewirkt aber schließlich, daß selbst die Geldmittel für die lebenswichtige Einfuhr und den vorschußmäßigen Ankauf der zu Verarbeitung und Wiederausfuhr bestimmten Stoffe nicht mehr aufgebracht werden können. Damit wird der Zusammenbruch der Inflationswirtschaft, also auch die Verkehrtheit der hier erörterten, aufs engste mit ihr gekuppelten Preisbildungsverfahren besiegelt. Diesem Gefahrpunkte sind wir bereits bedenklichst nahe.

Diese Feststellungen bedeuten nicht, daß die verhängnisvollen Folgen der Ausraubung unseres Vaterlandes durch seine Kriegsgegner und die Vernichtung unserer Zahlungsbilanz durch Kriegsentschädigungen übersehen werden; nur steht dieser Ursachenkreis hier nicht zur Erörterung.[5])

6. Berichtigung des Irrtums der Theorie der Vermögenserhaltung

Die Theorie der Vermögenserhaltung durch bloße Preiserhöhungen mit dem Ziele, die Wirkung der Geldentwertung gegenseitig auf einander abzuwälzen, ist somit durch die Erfahrung gerichtet, und dies entspricht denkmäßiger Notwendigkeit, da sie auf dem Grundirrtum beruht, als ob das zur Erhaltung der Vermögen nötige wirkliche Kapital, also ausreichende Naturgüter, Erzeugnisse und Dienste, verfügbar seien. Das wirtschaftliche Mißverständnis, das sich hier kraft eigensüchtigen Verlangens durchgesetzt hat, ist dahin zu berichtigen: Wegen der Verarmung und gesunkenen Leistung Deutschlands bestand keine Möglichkeit und kein Anspruch des Einzelnen, den früheren Inhalt seines Vermögens unversehrt zu erhalten; demgemäß bestanden für das Unternehmertum höchstens die Möglichkeit und

---

[5]) Das Ruhrgebiet war bei Abfassung dieser Schrift noch nicht besetzt.

der Anspruch, seine verhältnismäßige Leistungsfähigkeit — richtiger: Wettbewerbsfähigkeit — aufrechtzuerhalten. Diese bestimmt sich aber nach dem restlichen Volksvermögen und der restlichen verfügbaren Arbeitsleistung, und dieses Ziel schließt keine Unmöglichkeit ein.

Inwieweit im übrigen ein solcher Anspruch des Einzelnen wegen übergeordneter volkswirtschaftlicher Belange zugunsten notwendiger und auf Kosten unnötiger Betriebe zu berichtigen war, ist eine Sonderfrage.

7. Anwendung der Ergebnisse auf die Erneuerungstheorie

Die Erneuerungstheorie ist ebenso wie die Wiederbeschaffungstheorie ein Teil des auf Erhaltung des Vermögensinhaltes abzielenden Verfahrens der Preisbildung; da dieses falsch ist, weil es Unmögliches erstrebt und gegenteilig wirkt, muß gleiches von der Erneuerungstheorie gelten.

b) Die Zusammenhänge zwischen Geldbeschaffung, Selbstkosten und Preis

1. Verwechslung von Anlagegeld und Gewinn mit Selbstkosten; Doppelberücksichtigung von Gewinnbestandteilen im Preise

Neben der als Grundsatz behandelten Anschauung, daß der Vermögensinhalt der privaten Wirtschaftsunternehmen unversehrt erhalten werden müsse, wird die tatsächliche Frage der Geldbeschaffung herangezogen, um die Erneuerungstheorie zu stützen. Daß Geldbedarf an sich keine Selbstkosten und keinen ordnungsmäßigen Preisbestandteil ergibt, sollte sich von selbst verstehen. Man stellt sich zum Teil jedoch auf den Standpunkt, daß die Mehrkosten des künftigen Ersatzes gegenüber der Wertminderungsabschreibung, die sich nach den Gestehungskosten der bestehenden Anlage errechnet, schon vorweg als Selbstkosten anzusehen seien, und zum Teil hält man es sogar für zulässig, Rücklagen für echte Neuanlagen in die Preise einzurechnen, um auf diese Weise Anlagegeld zu beschaffen. Diese Anschauung ist besonders durch die früheren Leitsätze zur Verordnung über die Erhöhung von Preisen für elektrische Arbeit, Gas und Leitungswasser vom 1. 2. 1919, auf deren grundsätzlichen Inhalt sich die Industrie auch über den Geltungsbereich der Verordnung hinaus gern beruft, gefördert worden. Hier ist geradezu vorgeschrieben, daß innerhalb der Preiserhöhungen für elektrische

Arbeit Rücklagen zu berücksichtigen seien, die nicht allein „der während des Krieges eingetretenen gesteigerten Abnutzung und den erhöhten Anschaffungskosten Rechnung tragen", sondern durch die „auch Geldmittel für notwendige Betriebsanlagen, Erweiterungen und Leitungsbauten bereitgestellt werden". Daß hier ein grober, sachlicher Fehler und eine schwere Ungerechtigkeit gegenüber dem Bezieher elektrischer Arbeit vorlag, ist verhältnismäßig schnell erkannt und berücksichtigt worden; es ist nämlich schon am 19. 6. 1919 eine Aenderung dieser Fassung der Leitsätze veröffentlicht worden, die jene Bestimmung beseitigt hat. Auch in den Richtlinien vom 27. 6. 1922, die an die Stelle jener Leitsätze getreten sind, überdies aber kein zwingendes Recht darstellen, fehlt eine solche Bestimmung. Nichtsdestoweniger wird das Verfahren, sogar echte Neuanlagekosten in die Preise der Erzeugnisse einzurechnen — nicht etwa nur innerhalb des durch jene Verordnung berührten Wirtschaftsgebietes — weiter geübt. Wenn man sich hierbei nicht der Gefahr bewußt wird, mit der Preisgesetzgebung in Widerspruch zu geraten, so beruht dies wohl besonders darauf, daß sich die Pflege dieses Rechtsgebietes im allgemeinen auf die Preise von Gegenständen des täglichen Bedarfes beschränkt. Hiermit wird nicht auf das Vorgehen jener öffentlich-rechtlichen Unternehmen abgezielt, die mangels jeder Möglichkeit, Anleihen aufzunehmen, also besonders infolge Verquickung ihrer Wirtschaft mit der öffentlichen Gesamtwirtschaft und wegen mangelnder Regelung des Darlehenswesens, gezwungen sind, ihren Bedarf an Anlagegeld aus dem Erlöse der laufenden Erzeugung oder Betriebsleistung zu decken, und die zudem ihre Tätigkeit auf dem Gebiete der Neuanlagen fast völlig einstellen mußten; auch hier geschieht zwar etwas sachlich Falsches und gegenüber dem Abnehmer Unrechtes, es geschieht aber, weil kein anderer Weg offen ist. Anders liegt die Sache bei privatrechtlichen und überhaupt bei allen Unternehmungen, die ihren Bedarf an Anlagegeld selbständig am Geldmarkte zu decken haben. Allerdings kann auch hier eine zulässige Ausnahme vorliegen, wenn es sich nämlich um eine Geldbeschaffung handelt, die in gesetzlicher Weise zu sozialen Zwecken erfolgt; dies gilt etwa von der Erbauung von Arbeiterhäusern, deren Kosten durch Aufschläge auf die Kohlenpreise aufgebracht werden. Zwar liegt auch hier eine sachlich anfechtbare und nicht durchaus zweckmäßige Lösung vor, rechtlich bedeutet dies aber nichts anderes als eine den Kohlenverbrauchern auferlegte Sondersteuer. Handelt es sich jedoch um Preisaufschläge zur Geldbeschaffung für die Verbesserung oder Vermehrung von Betriebsanlagen, also etwa um Niederbringung neuer Bergwerkschächte oder Verneuzeitlichung und Ausbau von Kraftwerken, so ist eine solche Preisbildung unzulässig. Daß die Unzulässigkeit dem Urheber nicht immer bewußt wird — wie die Tatsache beweist, daß man sich solcher Preisgebarung mitunter öffentlich rühmt —, ändert nur die sittliche, nicht aber die sachliche Beurteilung des Falles.

Da sich solche Gepflogenheiten der Preisfestsetzung vielfach schon bis zum Grade der Selbstverständlichkeit eingebürgert haben, bedarf es einer kurzen Betrachtung, worauf der Irrtum, daß eine solche Preiserrechnung ordnungsmäßig sei, beruht. Auf den Fall jener Leitsätze braucht nicht weiter eingegangen zu werden, weil bekannt ist, daß sie unter einseitig privatwirtschaftlich eingestelltem Einfluß ohne Zuziehung von Sonderfachleuten des Selbstkostenwesens zustande gekommen sind, und weil die Berichtigung nicht lange ausgeblieben ist. Im übrigen beruht diese Auffassung von der rechnungsmäßigen Preisbildung auf einem Mißverstehen wissenschaftlicher Untersuchung und Zerlegung des alten privatwirtschaftlichen Sammelbegriffes Gewinn oder Nutzen. Mit solchen Untersuchungen haben sich eine Reihe volkswirtschaftlicher Schriftsteller mehr oder minder eingehend beschäftigt, ohne daß ihre Feststellungen im Wirtschaftsleben, etwa bei Aufstellung der Muster für die Errechnung von Selbstkosten und Preisen, verwertet worden wären. Unabhängig hiervon hat der Verfasser im Jahre 1908 im ersten Hefte von „Technik und Wirtschaft“, also in der ersten wirtschaftlichen Zeitschrift, die in Industriekreisen stark gelesen wurde, seine auch durch Abdruck weitest verbreitete „Tafel der Preiskomponenten“ veröffentlicht, die anstelle verschwommener Vorstellungen eine in den Einzelheiten dargestellte Zergliederung des Preisbegriffes unter Heranziehung der Begriffe Grundkosten, Ergänzungskosten, Herstellungskosten, Selbstkosten und Zuschläge zu setzen suchte. Diese Darstellung unterteilte den gewöhnlich Gewinn genannten Zuschlag zu den Selbstkosten — der sich begrifflich weder mit dem abschlußmäßigen Rohgewinne noch Reingewinne deckt — in die zum Teil weiter aufgespaltenen Bestandteile Verzinsung des Eigengeldes, Rücklagen und Wagnisgebühr (Risikoprämie); hierzu tritt unter Umständen der sogenannte Unternehmerlohn. Die Zerlegung des im Wirtschaftsleben früher ungeprüft hingenommenen Sammelbegriffes Gewinn ist im neueren betriebswirtschaftlichen Schrifttum ebenfalls eingehend betrieben und es ist auch eine Art „erweiterte Selbstkosten“ (Schär) entwickelt worden, die Verzinsung von Eigengeld und Unternehmerlohn einbeziehen; hierbei sind sich die wissenschaftlichen Vertreter solcher Begriffsaufstellungen jedoch bewußt geblieben, daß sie vom handelsrechtlichen, steuerrechtlichen und konkursrechtlichen Standpunkt abweichen, um lediglich das Rechnungsvorbild für den Aufbau von Selbstkosten und Preisen aufs genaueste auszugestalten. Demgemäß enthält jede Vorwegeinrechnung handelsrechtlicher Gewinnbestandteile in die Selbstkosten ordnungsmäßig die Voraussetzung, daß nicht neben einer solchen Voreinrechnung nochmals ein Gewinnzuschlag, wie er früher als Gesamtdeckung für Kapitalverzinsung, Wagnisgebühr, Unternehmerlohn und Unternehmermehrverzinsung üblich war, im rechnungsmäßigen Preise berücksichtigt werde; vielmehr muß der alte Gewinnzuschlag nunmehr selbstverständlich entsprechend den vorweg berücksichtigten Bestandteilen herabgesetzt werden. Wirtschaftlich Beteiligte und manche Schriftsteller haben jene Handhabe indes, zum Teil mißverstehend, zum Teil absichtsvoll, verwertet, um möglichst alle Einzelbestandteile des alten Gewinnbegriffes gleich Selbstkostenbildnern zu behandeln und erst nach deren Berücksichtigung den üblichen unverkürzten Aufschlag vorzusehen. Insbesondere ist man dazu übergegangen, mögliche Verluste, unmittelbare Abbuchungen von Aufwendungen, die den Charakter von Anlagekosten haben, und andere echte Rücklagen, also neues Unternehmungsgeld, oder mindestens Beträge, deren Betriebskostennatur nicht außer Zweifel ist, selbstkostenmäßig oder selbstkostenähnlich anzusetzen. Hierzu gehören nicht nur die voraussichtlichen Mehrkosten künftigen Ersatzes, sondern auch Ausgleichsbeträge für frühere Abschreibungen, die jetzt als zu gering erachtet werden, und anderes (Prion, Zörner, Verein deutscher Maschinenbauanstalten u. a.); selbst Ansätze für mögliche Diebstähle — nicht etwa nur Versicherungsbeträge — werden als Selbstkosten behandelt. Man begegnet ferner, namentlich bei Technikern, fortgesetzt dem groben Irrtume, daß eine Schuldentilgung — nicht etwa nur die Tilgung, die eine Heimfallast ausgleicht oder eine Abschreibung wegen körperlicher Entwertung ersetzt, — zu den Betriebskosten gehöre. Ja es ist dem Verfasser begegnet, daß ein Sachverständiger, der als Ingenieur, Volkswirtschaftler und Rechtsfachmann zu gelten beansprucht, Abschreibung, Erneuerung und Tilgung, und zwar jeden Ansatz in voller, nicht etwa nur ergänzender Höhe, nebeneinander als Betriebskosten in eine Ertragsrechnung einsetzte; dieser Rechnung stellte er überdies, die Vorbedingung jeder Vergleichbarkeit — gleiche Voraussetzungen — vernachlässigend, eine Vergleichsrechnung für denselben, nur in anderer Form zu führenden Betrieb gegenüber, in der er lediglich den Ansatz Abschreibung, und diesen nur in gleicher Höhe wie den entsprechenden Einzelansatz des Gegenfalles, berücksichtigte.

Auf Grund des Ergebnisses dieses Vergleiches befürwortete er die der zweiten Rechnung zugrunde gelegte Wirtschaftsform.

Die auf dem Gebiete der Abschreibungen und Rücklagen herrschende Unkenntnis und die Gewöhnung an kaufmännische Abschlußwillkür, die auch die Selbstkostenrechnung verderblich beeinflussen, kommen dem Wunsche zu Hilfe, den Gewinn bei möglichst hohen Preisen möglichst niedrig erscheinen zu lassen und eine Neuaufnahme von Unternehmungsgeld, die zu Gegenleistungen verpflichten würde, zu ersparen. Auch die Verwechslung wirtschaftlicher und rechtlicher Gesichtspunkte spielt eine Rolle; so wird nicht immer empfunden, daß die aktienrechtliche Notwendigkeit, eine Rücklage im Abschluß einzustellen, nichts daran ändert, daß diese Rücklage keine Selbstkosten bedeutet, sondern echter — lediglich nicht ausschüttbarer — Reingewinn ist.

Besonders sind auch unscharfe Unterscheidung von Anlagekosten und Betriebskosten und Gleichsetzung von Wagnis und Kosten von einschneidender Bedeutung. Denn wenn Aufwendungen, die der Anlagerechnung zuzuschreiben und in den Preisen der Erzeugnisse nur mit den anteiligen Beträgen des Kapitaldienstes zu berücksichtigen wären, oder gar künftiger Geldbedarf — sei es durch Ansetzung als Betriebsaufwand oder in Gestalt von Abschreibungen oder Rücklagen oder Aufschlägen — in die Selbstkosten oder den rechnungsmäßigen Preis eingerechnet werden, hört jede ordnungsmäßige Preisfestsetzung auf. Gleiches gilt für die Anschauung, daß schon die Möglichkeit, künftig gewisse Mehrkosten aufwenden zu müssen oder gewisse Verluste zu erleiden, zu Kostenansätzen oder Kostenzuschlägen berechtige, die die möglichen Aufwendungen oder Verluste voll ausgleichen.

Demgegenüber muß daran festgehalten werden, daß innerhalb ordnungsmäßiger, insbesondere also solcher Preise, die auf Grund der Selbstkosten zu ermitteln sind, Anlagekosten nur mit dem anteiligen Kapitaldienst und auch im übrigen nur echte, zweifellose Betriebskosten, die in ihrem ganzen Umfang *eine Funktion der Nutzbetriebsleistung der Abrechnungszeit* oder, bezogen auf die Erzeugnisse, *eine Funktion ihrer Herstellung und ihres Absatzes sind*, berücksichtigt werden dürfen. Ferner sind mögliche Verluste nur durch eine der Wahrscheinlichkeit Rechnung tragende Wagnisgebühr zu berücksichtigen, und diese Wagnisgebühr muß innerhalb eines gebräuchlichen Gesamtzuschlages auf die Selbstkosten, wie er gemeinhin unter dem Titel Gewinnaufschlag vorgesehen wird, als mitgedeckt gelten;

gerade mit Rücksicht auf diese Wagnisgebühr übersteigt die übliche gewerbliche Kapitalverzinsung der Regel nach die Verzinsung von Geldanlagen, die mit einem solchen Wagnisse nicht verbunden sind. Ebenso darf eine echte Rücklage nicht neben dem üblichen Zuschlage zu den Selbstkosten in den Preis eingerechnet werden, sondern der regelrechte rechnungsmäßige Reingewinn deckt zugleich solche Rücklagen, indem es lediglich Sache der Verfügung über den Reingewinn ist, inwieweit er ausgeschüttet oder zurückgelegt werde. Solcher Art war auch die Gepflogenheit jener Unternehmen, deren Aufschatzungspolitik vielfach als vorbildlich hingestellt wird — ein Vorbild, das bei den dargelegten Verfahren in bedenklicher Verzerrung auftritt —, denn diese Unternehmen stellten Teile eines Reingewinnes, den sie in echtem Wettbewerb oder aus Nebenquellen oder Zufällen erzielt hatten, unter Verzicht auf Ausschüttung zurück. Diese Rücklagen wurden demgemäß nicht durch besondere Preisaufschläge, sondern sogar bei ständiger Verbilligung der Erzeugnisse erzielt.

Die Rücksicht auf Geldbeschaffung oder auf Vermeidung von Erhöhungen des Unternehmerkapitals vermag demgemäß keinem Bestandteil eines Preises den Charakter von Selbstkosten oder ordnungsmäßigen Zuschlägen zu verleihen; mit der Notwendigkeit der Geldbeschaffung kann demnach auch die Erneuerungstheorie — selbst wenn die Unmöglichkeit anderweitiger Geldaufbringung und die Zweckerreichung mittels des ihr entsprechenden Verfahrens erwiesen werden könnten — nicht begründet werden.

Unter volkswirtschaftlichen Gesichtspunkten ist überdies nicht zu übersehen, daß mit solchen Verfahren der Geldbeschaffung und Wagnisabwälzung, wie sie hier angedeutet worden sind, der innerste Sinn des Unternehmertums aufhört; die Unternehmer sinken zu Bedienern der Wirtschaftsmaschine herab, und die Hauptantriebe wirtschaftlichen Handelns und technischen Fortschreitens gehen verloren. Selbstverständlich ist dieses hemmungslose Abwälzen, das — auch nach dem Urteil einsichtiger Wirtschaftsführer — zum Unheil unserer Wirtschaft und Sittlichkeit seit dem Hindenburgprogramme bei Unternehmern wie Arbeitern aufgekommen ist, überhaupt nur innerhalb einer gleichgewichtslosen Wirtschaft möglich.

2. Die zweifelhafte Selbstkostennatur der Mehrabschreibung wegen Geldentwertung

Die wissenschaftlichen Vertreter der Erneuerungstheorie stützen ihren Standpunkt im wesentlichen damit, daß es sich bei den voraussichtlichen Mehrkosten des künftigen Ersatzes nicht sowohl um künftige Anlagekosten als vielmehr um die Abschreibung eines bereits eingetretenen Verbrauchs oder Verlustes handle. Diese Anschauung gründet sich auf den Unterschied zwischen Goldmark und Papiermark oder höherwertiger und minderwertiger Papiermark, und dieser Gesichtspunkt ist tatsächlich der einzige, dem in sich Beweiskraft innewohnt. Seine Auswertung für die Erneuerungstheorie beruht jedoch auf unrichtigen Voraussetzungen, da die Erhaltung des Vermögensinhaltes — genauer ausgedrückt: die Freistellung des Unternehmertums von den Wirkungen der Geldentwertung — weder im rechtlichen noch im wirtschaftlichen Sinne Gesetz ist, und da die Wirkung durch die im Kreise verlaufende Abwälzung, die im Gegensatze zu der auf Einzelgebieten auftretenden Sachteuerung das Kennzeichen der Geldentwertung ist, wieder aufgehoben wird. Aber selbst hiervon abgesehen, erscheint es zweifelhaft, ob der Unterschied des Wertes der Abschreibung in Goldmark oder in Papiermark ein echter Bestandteil der Selbstkosten der Erzeugung ist. Denn wie immer man den Begriff der Selbstkosten ausdrücke, so herrscht doch Einverständnis darüber, daß unter Selbstkosten nur solche Kosten zu verstehen sind, die durch Herstellung und Absatz des Erzeugnisses oder Erzeugung und Verteilung der Leistung verursacht werden. Hier aber handelt es sich nicht eigentlich um einen Aufwand, der durch die Erzeugung von Gütern oder Leistungen bedingt, sondern um einen Vermögensverlust, der durch Geldentwertung verursacht ist; diese Geldentwertung ist aber eine Folge allgemeiner politischer und aus ihnen folgender allgemeiner wirtschaftlicher Verhältnisse, mit denen die Schaffung jener Güter oder Leistungen nicht ursächlich zusammenhängt, und trifft die Unternehmer nicht anders als alle anderen Volksgenossen. Die dem Unternehmertum infolge unzureichender Gütererzeugung zugefallene monopolähnliche Gewalt wird lediglich dazu benützt, die Wirkung der Geldentwertung auf andere abzuwälzen. Also selbst wenn die Vorwegabschreibung der voraussichtlichen Erneuerungsmehrkosten als Ausdruck eines schon eingetretenen Kapitalverlustes betrachtet werden müßte, wäre es doch sehr fraglich, ob sie gleich der Wertminderungsabschreibung als ein echter Teil der Selbstkosten des Erzeugnisses, das damit belastet werden soll, und demgemäß als ordnungsmäßiger Bestandteil des rechnungsmäßigen Preises anzusehen wäre.

Zur Vermeidung unfruchtbarer Erörterungen sei jedoch bemerkt, daß der Verfasser das entscheidende Gewicht nicht auf diese Erwägung legt, sondern auf den Widersinn eines Verfahrens, das die Geldentwertung durch ein Mittel, das die Geldentwertung selbst bis aufs äußerste steigert, auszugleichen sucht.

3. Richtige Abschreibung und Erwirtschaftung der Erneuerungsmehrkosten

Im übrigen ergibt sich aus der Ablehnung der Vorwegabschreibung keineswegs die Uneinbringlichkeit der Erneuerungsmehrkosten, sondern nur die gleiche Folgerung, die aus der öffentlich-rechtlichen, handelsrechtlichen und bürgerlich-rechtlichen Sachlage, also währungsrechtlich, abschlußrechtlich und schuldrechtlich, abzuleiten war. Die Abschreibungen wegen Geldentwertung wären hiernach nämlich nicht anders zu behandeln als Mehrabschreibungen wegen Sachteuerung: sie wären innerhalb desselben Nutzungszeitraumes, während dessen die Ersatzanlagen tatsächlich benützt werden, im Abschluß anzusetzen und in die Selbstkosten und Preise der Erzeugnisse einzurechnen. An die Stelle der Vorwegabschreibung der Erneuerunstheorie träte damit das alte Verfahren der nachträglichen Abschreibung, das der Wertminderungstheorie entspricht.

Volkswirtschaftlich ist diese Regelung vernünftiger, auch wenn man davon absieht, daß das andere Verfahren, wie nunmehr auch die Tatsachen deutlich erweisen, ein unzulänglicher Versuch ist und nicht sowohl die ausreichenden Ersatzmittel sichert, als vielmehr die Preise nutzlos in die Höhe, also die Kosten der künftigen Ersatzanlagen vor sich her treibt. Bei der ganzen vorliegenden Frage handelt es sich nämlich, falls der Weg der Erneuerungstheorie mit Erfolg gangbar wäre und die Theorie in sich richtig angewendet würde, nur um die Verschiebung der Aufbringung des Ersatzkapitals der deutschen Betriebsanlagen um einen Teil eines Nutzungszeitraumes. Setzt man den anfänglichen Neuwert der gesamten deutschen Betriebsanlage mit 100 Werteinheiten ein und nimmt man in zulässiger Vereinfachung der Aufgabe an, daß sie bei Beginn der Geldentwertung durch Abnützung, Altern und Veralten im Durchschnitt zur Hälfte entwertet gewesen wäre, so wäre, wenn man den bei Außerdienstsetzung verbleibenden Restwert vernachläßigt, nach gewöhnlichem Gebrauch damit zu rechnen gewesen, daß 50 Werteinheiten bereits erwirtschaftet waren, während weitere 50 Werteinheiten in der zweiten Hälfte des Nutzungszeitraumes zu erwirtschaften geblieben wären. Rechnet man für die gesamte Betriebsanlage mit einem durchschnittlichen Nutzungszeitraume von 30 Jahren, wobei etwa als oberer Grenzwert die Nutzdauer der

Baulichkeiten, als unterer Grenzwert die Nutzdauer der Werkzeuge in Betracht kommt, und setzt man für den Gesamtzeitraum eine durchschnittliche Geldentwertung auf ein Hundertstel voraus, so bedeutet dies folgendes: Nach dem alten Verfahren ist in den restlichen 15 Nutzungsjahren der bestehenden Anlage ein Betrag von 50 Werteinheiten, nach dem angestrebten Verfahren jedoch ein Betrag von 5000 Werteinheiten zu erwirtschaften. Von diesem Zeitpunkt an sind bei durchschnittlich unveränderten Verhältnissen bis auf weiteres nach beiden Verfahren in der gleichen Zeit dieselben Beträge für Ersatzzwecke zu erwirtschaften. Bildet sich die Geldentwertung später in gleicher Weise zurück, so kommt schließlich ein Nutzungszeitraum von 15 Jahren in Betracht, der bei Anwendung des alten Verfahrens mit 5000, bei Anwendung des neuen Verfahrens aber nur mit 50 Werteinheiten belastet ist. Daß sich in Wirklichkeit die Ersatzbeschaffung stückweise und selbst nicht innerhalb einer Einzelwirtschaft zu einem einheitlichen Zeitpunkte vollzieht, daß sich ferner die Geldentwertung nicht in gradlinigem Ansteigen entwickelt, und daß endlich ihre Rückbildung nicht in einer Spiegelbildkurve zur Entwicklungslinie verlaufen dürfte, ändert an der grundsätzlichen Anwendbarkeit der gegebenen Darstellung nichts.

Der Unterschied der beiden Verfahren besteht somit, volkswirtschaftlich gesehen, nur im Anstreben einer Vorwegnahme der Kapitalaufbringung für den Ersatz. Betrachtet man daraufhin die Wirtschaftslage der beiden verschieden zu belastenden Zeiträume, so steht fest, daß der Anfangszeitraum so ungewöhnlich ungünstig und zur Lastentragung ungeeignet ist, wie es noch niemals ein Zeitraum der neuzeitlichen Wirtschaft war; hingegen kann vernünftigerweise angenommen werden, daß sich diese Ungunst der Lage je länger, desto mehr ausgleichen werde, und insbesondere würde die rückläufige Entwicklung des Geldwertes eine entsprechende Verbesserung der Lage bezeichnen. Es ist daher unvernünftig, den bereits bis zur Unerträglichkeit belasteten Anfangszeitraum besonders zu belasten, um den günstigeren Endzeitraum besonders zu entlasten. Das Verfahren ist also als volkswirtschaftlich widersinnig zu bezeichnen, wie es letzten Endes auch tatsächlich an seinem Widersinne scheitert, freilich nicht ohne gefährlichste Verschiebungen innerhalb unseres restlichen Volksvermögens herbeigeführt zu haben.

Privatwirtschaftlich ist aus dieser Durchdenkung der Sachlage abzuleiten, daß bei Rückbildung der Geldentwertung — wenn also mit Erneuerungskosten zu rechnen sein würde, die unter den vorhergegangenen Gestehungskosten lägen, — die Abschreibung nicht auf Grund des dann höheren Wertminderungsbetrages, sondern nur nach dem geringeren Ersatzkostenanteil in die Selbstkosten und den Preis einzurechnen sein würde. Daß die Unternehmer Folgerungen dieser Art ohne Zwang nicht zu ziehen pflegen, ist ein Grund mehr gegen die Anwendung der Erneuerungstheorie.

4. Der Einwand gegen die nachträgliche Abschreibung der Erneuerungsmehrkosten

Gegen die nachträgliche Abschreibung der Ersatzmehrkosten, wie sie der Wertminderungstheorie entspräche, wird jedoch geltend gemacht, daß es im Falle des Wiederansteigens des Geldwertes nicht möglich sein würde, die durch Geldentwertung entstandenen Mehrkosten des Ersatzes innerhalb der erzielbaren Preise zu erwirtschaften. Der innere Widerspruch, der gerade vom Standpunkte der Substanztheoretiker in diesem Einwurfe liegt, ist offensichtlich: nimmt man an, daß der Geldwert im Jahre 1930 der hundertfache des heutigen sein werde, so wird die Kaufkraft einer einzigen Mark dann ausreichen, das Gleiche zu erstehen, wozu heute hundert Mark nötig sind; dies wird aber der Ersatzbeschaffung ebenso zugute kommen wie jedem anderen Aufwand, und es wird daher kein Fehlwert entstehen, wenn nur der hundertste Teil der in der heutigen Mark ausgedrückten Abschreibung zu erwirtschaften sein sollte. Ueberdies liegt in Ansehung, daß der Wirkung der Geldentwertung, also des verteuerten Ersatzes, sämtliche Wettbewerber unterworfen sind, und daß bei uns Untererzeugung, nicht Uebererzeugung herrscht, kein Anlaß vor, zu befürchten, daß die nachträgliche Erwirtschaftung der Erneuerungsmehrkosten unmöglich werden würde. Auch ist leider mit einer schnellen Rückbildung der Geldentwertung nicht zu rechnen; künstliche Einwirkungen aber, etwa ein Einschreiten der Reichsbank, wird im günstigsten Falle nur die ärgste Treiberei fremder Zahlungsmittel einigermaßen und, wenn keine geeigneten wirtschaftlichen und politischen Mittel hinzukommen, nur vorübergehend zu bekämpfen vermögen.[6])

Daß im übrigen die Deflation in ihrer Wirkung auf Schuldverhältnisse dem Schuldner in ähnlichem Maße lästig sein wird, wie ihm jetzt die Inflation eine Entlastung bedeutet, ist ein von der Erneuerungsfrage unabhängiger Umstand, dem der vorsichtige Ge-

---

[6]) Diese Bemerkung ist erheblich vor den entsprechenden Versuchen der Reichsbank niedergeschrieben worden.

schäftsmann durch seine Geldpolitik Rechnung zu tragen hat; außerdem liegt darin nur ein Ausgleich der vorhergegangenen Entwicklung.

5. Unaufbringbarkeit des Ersatzkapitals bei anhaltender Geldentwertung

Ernster ist die Erwägung, daß bei anhaltender oder zunehmender Geldentwertung die Aufbringung des Ersatzkapitals, nicht nur der Mehrkosten, unmöglich werden könne. Ein solcher Zweifel wäre allerdings weit tiefer berechtigt, als von den Vertretern der Erneuerungstheorie bedacht worden ist; während diese nämlich geglaubt haben, jener Gefahr durch Preissteigerungen vorbeugen zu können, erweisen auch die Tatsachen mehr und mehr, daß dieses Mittel untauglich und sogar schädlich ist, wie dies in anderem Zusammenhange darzulegen war. Die Zeitspanne zwischen der Abwälzung einer Geldentwertungswelle mittels der Verkaufspreise und ihrer Wiederzuwälzung auf dem Weg über Löhne und Einkaufgüter wird sichtlich immer kürzer, der Wirkungsgrad des Verfahrens also immer schlechter; den immer schneller auf einander folgenden Erhöhungen von Preisen wie Löhnen zum Trotz erlebt demgemäß jedermann fortgesetzt das Davoneilen der Preise und das Sinken des Sacheinkommens. Berücksichtigt man weiter die gezeigten Zusammenhänge mit der Auslandgeltung unserer Währung und die Bedeutung des Verfalls dieser Auslandgeltung für ein Land mit stark passiver Handelsbilanz, so kann man nicht zweifeln, daß der Wirkungsgrad jenes Verfahrens schließlich unter die Nullinie sinken muß, sodaß es trotz allen Preissteigerungen immer weniger möglich sein wird, das Ersatzkapital an verbrauchten Anlagen und Waren aufzubringen. Hierfür liegen starke Anzeichen bereits vor. Die angeblich besonders vorteilhafte Art der Geldbeschaffung fördert, ja erzeugt somit letzten Endes, soweit das Kapital überhaupt noch aufgebracht wird, im höchsten Maße jene Verwässerung des Unternehmungsgeldes, die sie verhüten sollte. Nur den stärksten Trägern der Wirtschaft, insbesondere also den Unternehmern, die monopolistisch über Urstoffe oder Lebensmittel verfügen, wird es zum Schlusse gelingen, sich auf Kosten der anderen von den Wirkungen der Geldentwertung freizustellen; dies entspricht der notwendigen Richtung der Kapitalverschiebung, die, volkswirtschaftlich gesehen, hier vorliegt und die zum Unheil vielfach mit Kapitalvermehrung verwechselt worden ist.

Wäre hingegen auf das Mittel der inländischen Preisschrauberei zur Abwälzung der Geldentwertung verzichtet worden, so wäre die geldentwertende Inflation wesentlich enger begrenzt worden, das verfügbare wirkliche Ersatzkapital aber deshalb nicht im mindesten kleiner gewesen. Es wäre dann nur ein größerer Teil der verfügbaren Güter oder Rechte auf Güter in den Händen anderer Volksschichten geblieben, und diese hätten dafür in Ansehung unserer Wirtschaftsordnung ersprießliche Verwertung suchen müssen. Dies bedeutet, daß das verfügbare Kapital als Darlehen oder Beteiligung zur Verfügung gestanden hätte; der Unternehmer hätte dann allerdings in größerem Umfange fremden Geldgebern Gewinnanteil und Stimmrecht oder eine feste Verzinsung als Gegenleistung einräumen müssen. Eine solche Belastung hätte jedoch nach dem heutigen Stande der Ertragsverteilung keine ausschlaggebende Bedeutung gehabt und wäre sogar durch den damit verbundenen Antrieb zur Wirtschaftlichkeit im Ergebnisse weit überglichen worden. Auch wäre eine solche Verteilung von Kapital und Ertrag volkswirtschaftlich weit gesünder und sozial weit gerechter gewesen. Es liegt auch keinerlei Grund zu der Vermutung vor, daß auf diese Weise gerade die wichtigen Gewerbe den von ihnen benötigten Anteil am Kapital schwerer als die unwichtigen oder überflüssigen Betriebe erlangt hätten. Selbst wenn dies aber anzunehmen wäre, bewiese es nicht die Richtigkeit des heutigen Verfahrens — das zudem mit seiner Züchtung künstlicher Kaufkraft und ärgster Spekulationssucht in dieser Richtung am wenigsten Gewähr bietet —, sondern ebenfalls nur die große Notwendigkeit, die sich aus unserer Lage überhaupt ergab: die Notwendigkeit einer vernunftmäßigen Regelung der Wirtschaft und damit auch der Einfuhr wie des Darlehenwesens. Hiermit soll weder auf eine kriegsmäßige Zwangswirtschaft noch auf eine bestimmte Planwirtschaft hingedeutet werden, wie überhaupt die Erörterung allgemeiner wirtschaftspolitischer Maßnahmen nicht Gegenstand dieser Untersuchung ist; lediglich um die Unrichtigkeit des erörterten Verfahrens der Geldbeschaffung zu erweisen, ist es erforderlich, dem Geschehenen die richtigen Folgerungen aus Sachlage und Absicht gegenüberzustellen.

6. Ergebnisse aus der Prüfung der Gesichtspunkte der Geldbeschaffung

Aus der Untersuchung der Zusammenhänge zwischen Geldbeschaffung, Selbstkosten und Preis ergibt sich als maßgebend folgendes: Geldbedarf allein schafft keine Berechtigung zu Preisaufschlägen. Die Vorwegabschreibung der Erneuerungsmehrkosten ist kein eigentlicher Bestandteil der Selbstkosten und des ordnungsmäßigen Preises. Das Verfahren der Wertminderungsabschreibung ermöglicht die volkswirtschaftlich zweckmäßige Erwirtschaftung der Erneuerungsmehrkosten. Die Art der Preisbildung, die sich auf die Erneuerungstheorie stützt, ist kein auf die Dauer taugliches Mittel der Kapitalbeschaffung und wirkt letzten Endes entgegengesetzt.

c) Die in sich fehlerhafte Anwendung der Erneuerungstheorie

Neben der Tatsache, daß das Verfahren der Mehrabschreibung wegen Geldentwertung weder rechtlich noch wirtschaftlich richtig ist, enthält seine übliche Anwendung Irrtümer, die den Fehler und die Ungerechtigkeit des Verfahrens noch wesentlich verschärfen.

Zunächst gilt dies deshalb, weil ein erheblicher Teil der heutigen Verteuerung nicht auf der Geldentwertung beruht, sondern echte Sachteuerung ist, die auch ohne Geldentwertung hätte eintreten müssen; Gründe und Belege hierfür waren schon in anderem Zusammenhange beizubringen. Es handelt sich demgemäß an dieser Stelle nur um die Festlegung, daß der auf Sachteuerung beruhende Anteil der Ersatzmehrkosten unter keinen Umständen, also selbst nicht bei Anerkennung der Erneuerungstheorie, anders zu behandeln ist, als dies früher für Mehrkosten des Ersatzes galt und sich aus der Abschreibung auf Grund der Wertminderung ergibt; solche Mehrkosten der Erneuerung sind also — unter der gewöhnlichen Voraussetzung ordnungsmäßiger Abschreibung der ersetzten Anlage — jedenfalls der Anlagerechnung zuzuschreiben und innerhalb der Nutzfrist der Ersatzanlage abzuschreiben. Was hierüber hinausgeht, sind, wie dazulegen war, nicht notwendige, sondern freiwillige Abschreibungen, also nicht Betriebskosten, sondern Reingewinn. Da die Sachteuerung unter unseren Umständen erheblich ist, bedeutet also die Vervielfachung der Abschreibung auf Grund des Schlüssels der Gesamtverteuerung, auch abgesehen von der Abschreibung wegen Geldentwertung, eine erhebliche Ueberabschreibung, die keinesfalls innerhalb eines nach Selbstkosten zu bildenden Preises Dritten aufgelastet werden darf.

In gleicher Richtung wirkt ein anderer Umstand, zu dessen Erkenntnis man sich vergegenwärtigen muß, wie sich wegen des Fortschreitens der Technik und der Entwicklung der Wirtschaft der

Ersatz technischer und baulicher Anlagen zu vollziehen pflegt: diese Erneuerung vollzieht sich in der Regel nicht lichtbildmäßig getreu, sondern in Verbindung mit Vergrößerungen oder Verbesserungen der Betriebsanlagen. Wo früher eine Kraftmaschine von 1000 PS stand, findet sich heute vielfach eine Maschine von 5000 PS; wo ein Stromerzeugersatz von 5000 kW aufgestellt war, steht vielleicht ein Maschinenpaar von 20000 kW. Anstelle älterer, einfacher Werkzeugmaschinen findet man meistens Arbeitsmaschinen, die höherwertige Arbeit mit größerer Leistung, bezogen auf die Zeiteinheit, vereinigen, und an die Stelle unzulänglicher, Zeit und Kraft raubender Hebezeuge sind vielfach sinnvolle Fördereinrichtungen getreten, die bei geringeren Betriebskosten ein Vielfaches leisten. Größere Anlageeinheiten und beziehungsmäßig größere Betriebsleistungen bewirken aber nach dem Gesetze von den spezifischen Kosten, das der Unterzeichnete früher dargelegt hat, eine Veringerung der Kosten, bezogen auf die Einheit der Leistung oder der Arbeit. So kostet ein Großkraftmaschinensatz, der in der Erzeugung elektrischer Arbeit eine Reihe kleinerer Einheiten ersetzt, auf den gleichen Geldwert bezogen, je Kilowatt Leistung vielleicht nur den dritten Teil der Anlagekosten der ersetzten Kleinmaschinensätze. Außerdem verursacht die damit zu erzeugende Arbeit je Kilowattstunde einen Bruchteil an Kosten für Betriebsstoffe, Wartung und Unterhaltung, also, auch abgesehen vom Kapitaldienst, weit geringere Betriebskosten auf die Arbeitseinheit, als es für die ersetzten Maschinen galt. Kapitalisiert man diese Ersparnis unstarrer Betriebskosten, wie es für einen richtigen Vergleich der Kapitalwirtschaft nötig ist, so ergibt sich eine weitere bedeutende Verminderung des Erneuerungskapitals, bezogen auf den gleichen Leistungswert. Die Erhaltung der Leistungsfähigkeit, nicht schlechtweg der toten Masse, ist aber nach eigener maßgebender Auslegung des Unternehmertums der Sinn dessen, was unter dem Schlagwort „Erhaltung der Substanz“ erstrebt wird.

Bei der Ermittlung des Teuerungsschlüssels müßten also mindestens die Wertgröße der Sachteuerung und die zu schätzende Verringerung der Ersatzkosten infolge Sinkens der spezifischen Erneuerungskosten berücksichtigt werden. Die Schwierigkeit der Schätzung beeinträchtigt die grundsätzliche Notwendigkeit nicht.

5. Berechtigte Einwirkung der Geldentwertung auf die Preisbildung

Wenn auch die Nachprüfung der Erneuerungstheorie auf Grund rechtlicher wie wirtschaftlicher Erwägungen ergibt, daß sie unrichtig und überdies unzweckmäßig, also in jedem Sinn abzulehnen ist, so schließt dies nicht aus, daß die Besonderheit unserer wirtschaftlichen Lage eine gewisse Einwirkung auf die Vorausberechnung von Preisen, die sich auf den Selbstkosten aufbauen, übe. Die Begründung dieser Einwirkung kann allerdings nicht darin gefunden werden, daß sich der Unternehmer von Wertverlusten, die infolge politischer Umstände eingetreten sind und das gesamte Volksvermögen berühren, einseitig freistellen oder daß er Unternehmungskapital über einen regelrechten Gewinn hinaus auf Kosten Dritter beschaffen will, sondern nur in der gesamten Bedenklichkeit unserer wirtschaftlichen Umstände, die sich in der Geldentwertung ausdrückt. Diese Umstände bedeuten an sich ein erhöhtes Wagnis des Unternehmers. Dieses Wagnis wälzt das Unternehmertum heute allerdings kraft Ausnützung gestörter Markt- und Machtverhältnisse in einem früher ungeahnten Umfang auf andere ab, wie dies unter anderem der auffällige Rückgang der Konkursziffer erweist; solange der Unternehmer also solche Verfahren der Preisgestaltung in Anspruch nimmt, ist ihm nicht überdies eine erhöhte Wagnisgebühr zuzubilligen. Unter der Voraussetzung aber, daß man jene Verfahren der Preisbildung ablehnt, wird man dem Unternehmer heute eine wesentlich größere Wagnisgebühr als unter gewöhnlichen Umständen zugestehen müssen. Daß es sich hierbei nicht annähernd um Zuschläge, wie sie die Theorie der Erneuerungskosten und Wiederbeschaffungskosten vorsieht, handeln kann, versteht sich auf Grund der Vorstellungen, die man mit dem Begriffe Wagnisgebühr verbindet, von selbst. Auch kommt die Einrechnung der Wagnisgebühr nur bei der Vorausberechnung von Preisen auf Grund einer Vorausberechnung der Selbstkosten in Betracht; liegt eine Nachberechnung der Selbstkosten (Nachkalkulation) zugrunde, so treten an die Stelle der Wagnisgebühr die tatsächlichen oder wahrscheinlich bevorstehenden Verluste, soweit sie eine Funktion ordnungsmäßiger Betriebstätigkeit der Verrechnungszeit sind.

Abschlußmäßig entspräche dieser Erhöhung der Wagnisgebühr eine besondere Wagnisrücklage, die man auch als Geldentwertungs-

Rücklage bezeichnen kann, da die Geldentwertung jene Verhältnisse spiegelt, die das Sonderwagnis begründen.

Die Berücksichtigung einer solchen erhöhten Wagnisgebühr bedingt selbstverständlich, daß man nicht im Gewinnaufschlage, wie dies auch unbewußt geschehen kann, das besondere Wagnis nochmals berücksichtige. Dieser Hinweis wäre unnötig, wenn nicht, wie schon in anderem Zusammenhange darzulegen war, der Irrtum aufgekommen wäre, Bestandteile des alten Sammelbegriffes Gewinn einzeln als Komponenten des rechnungsmäßigen Preises anzusetzen, darüber hinaus aber nicht lediglich das noch nicht Berücksichtigte, sondern schlechtweg nach alten, vollen Sätzen oder sogar in noch höherem Maße „Gewinn“ aufzuschlagen.

Kolibri 360 GmbH
Ferdinand-Jühlke-Straße 7
99095 Erfurt, Deutschland
produktsicherheit@kolibri360.de